Thierry Roussillon
Majid El Kattabi

Le petit livre de Recettes du Maroc

FIRST Editions

ISBN 2-75400-031-3
Dépôt légal : 2e trimestre 2005
Imprimé en Italie
Conception couverture : Bleu T
Mise en page : Pascale Desmazières

Nous nous efforçons de publier des ouvrages qui correspondent à vos attentes et votre satisfaction est pour nous une priorité. Alors, n'hésitez pas à nous faire part de vos commentaires :

Éditions Générales First
27, rue Cassette
75006 Paris – France
Tél. : 01 45 49 60 00
Fax : 01 45 49 60 01
e-mail : firstinfo@efirst.com

Introduction

La cuisine marocaine n'est pas une cuisine figée. Au contraire, c'est une cuisine vivante, en mouvement, qui joue avec une multitude d'ingrédients. Les Marocains dégustent des plats qui peuvent associer un grand nombre d'épices (cumin, safran, paprika, cannelle, etc.) et se plaisent aussi à conjuguer le sucré et le salé. De cette opposition de saveurs, la cuisine marocaine tire le meilleur en termes d'équilibre et de subtilité. À la différence de l'Algérie et de la Tunisie, le Maroc n'a pas été envahi par les Ottomans (sauf la ville de Oujda). Et la cuisine marocaine n'a donc pas été directement influencée par la cuisine turque.

Pour autant, la gastronomie marocaine s'est ouverte à d'autres influences et, notamment, à celle des Juifs d'Andalousie qui vinrent s'installer en Afrique du Nord aux alentours

du XIIIe siècle, apportant avec eux le goût des fruits secs.
Au Maroc, traditionnellement, les repas se déroulent selon un rituel qui conserve encore aujourd'hui son importance. Ainsi la coutume et l'hygiène incitent à se laver les mains avant de se mettre à table. Il est également d'usage de boire du thé et de remercier Dieu avant et après le repas. Un plat commun est posé au centre de la table, et chacun se sert avec les doigts et de la main droite, uniquement.
Un petit voyage au cœur des médinas vous tente ? Avec ce petit livre de recettes, partez à la découverte des saveurs envoûtantes du Maroc !

LES SOUPES

•

HARIRA

6 pers. Préparation : 20 min Cuisson : 1 h 30

Pour le bouillon ou tka-taâ : 100 g de veau coupé en dés • 100 g de mouton coupé en dés • 6 oignons moyens pelés, mais entiers • 1 dosette de safran • 250 g de lentilles • sel • poivre • 1,5 litre d'eau
Pour le tédouira : 1 bouquet de coriandre ciselée • 1 bouquet de persil ciselé • 1 grosse boîte de tomates pelées et concassées • le jus d'un citron • 1 noix de beurre • 100 g de farine • sel

Réalisation

Préparez le bouillon : faites cuire les lentilles dans de l'eau salée. Égouttez-les et réservez-les. Rassemblez les autres ingrédients dans une casserole, couvrez d'eau, salez, poivrez et faites mijoter à petit feu jusqu'à ce que les aliments soient cuits.
Attention : retirez les oignons après l'ébullition, afin qu'ils restent entiers. Égouttez les

ingrédients et conservez le jus du bouillon.
Préparez le tédouira : déposez les tomates pelées et le beurre dans une casserole. Versez de l'eau à hauteur et portez à ébullition pendant 1/4 d'heure. Retirez du feu, puis ajoutez alors le jus du bouillon. Délayez la farine dans 1/4 de litre d'eau froide et ajoutez ce mélange dans la casserole en mélangeant bien.
Remettez la casserole sur le feu, ajoutez le jus de citron restant, le persil et la coriandre ciselée. Salez et poivrez et passez la soupe au pressepurée électrique. Si la soupe est trop épaisse, ajoutez un peu d'eau.
Dégustez la viande, les lentilles, les oignons et le tédouira.

Bon à savoir : la harira est la soupe nationale. Elle se déguste notamment pendant la période du ramadan, accompagnée de dattes ou de gâteau au miel.

HARIRA AUX POIS CHICHES

6 pers. Préparation : 15 min Cuisson : 1 h

500 g de pois chiches en boîte • 500 g de tomates pelées • 3 branches de céleri • 2 oignons • 1 bouquet de coriandre fraîche • 1 bouquet de persil plat frais • 1,5 l de bouillon de volaille (éventuellement à base de préparation déshydratée) • 1 pincée de safran • sel • poivre

Réalisation

Égouttez les pois chiches et rincez-les à l'eau claire. Concassez les tomates, pelez le céleri et coupez-le en petits morceaux. Pelez les oignons et émincez-les.

Déposez tous ces légumes dans un faitout. Versez le bouillon, ajoutez le safran et les herbes ciselées. Salez et poivrez. Portez à ébullition. Puis prolongez la cuisson à feu doux, pendant 50 minutes. Rectifiez l'assaisonnement avant de servir.

Notre conseil : pour cette recette, vous pouvez utiliser des pois chiches secs. Faites-les tremper la veille dans une bassine d'eau avec une pincée de bicarbonate. Faites-les cuire ensuite dans de l'eau salée.

HARIRA AUX LENTILLES

6 pers. Préparation : 30 min Cuisson : 1 h 30

200 g de viande d'agneau coupée en cubes • 300 g de petits oignons • 200 g de lentilles • 1,5 kg de tomates pelées et concassées • 170 g de farine • 1 pincée de safran • 1 bouquet de coriandre fraîche • le jus de 2 citrons • 60 g de beurre • sel • poivre

Réalisation

Triez les lentilles et passez-les sous l'eau froide. Rassemblez-les dans un faitout avec 1,5 l d'eau froide. Salez bien et faites-les cuire à feu vif, le temps indiqué sur le paquet. Quand elles sont cuites, arrosez-les de la moitié du jus de citron. Dans une cocotte, rassemblez la moitié du beurre, la viande et les oignons. Salez, poivrez et saupoudrez de safran. Couvrez d'eau à hauteur des ingrédients et portez à ébullition. Quand apparaissent les premiers bouillons, baissez le feu et faites mijoter à feu doux, pendant 1 heure environ. Quand la viande est cuite, retirez la cocotte du feu et ajoutez-y les lentilles. Mélangez, puis récupérez le jus (le bouillon) de la cuisson.

Dans une grande casserole, faites bouillir 1,5 l d'eau. Ajoutez les tomates et le reste du beurre. Comptez 15 minutes de cuisson, puis ajoutez le bouillon que vous avez récupéré.

Délayez la farine dans 20 cl d'eau froide, puis incorporez-la hors du feu dans la casserole où ont cuit les tomates concassées.

Mélangez de façon énergique afin d'éviter les grumeaux. Ajoutez les herbes, le jus de citron restant et rectifiez l'assaisonnement.

Dégustez la garniture (viande, oignons et lentilles) dans des assiettes creuses, arrosée de la préparation à la tomate.

CHORBA DE FEZ

6 pers. Préparation : 25 min Cuisson : 1 h 05

300 g de viande de veau coupée en cubes • 3 carottes • 3 pommes de terre • 3 navets • 2 branches de céleri • 2 oignons • 2 tomates pelées et concassées • 2 petites courgettes • 2 l de bouillon de légumes (éventuellement à base de préparation déshydratée) • 1 bouquet de coriandre fraîche • 100 g de vermicelles • 1 pincée de safran • sel • poivre

Réalisation

Épluchez les carottes et coupez-les en rondelles. Épluchez les pommes de terre et coupez-les en cubes. Épluchez les navets et coupez-les en quartiers. Pelez les oignons et hachez-les. Découpez les branches de céleri en tronçons. Lavez les courgettes et coupez-les en rondelles. Versez un large filet d'huile dans un grand faitout. Faites-y dorer les oignons émincés, puis ajoutez le reste : les carottes, les pommes de terre, les navets, le céleri et les courgettes, avec la viande, la coriandre ciselée et le safran. Versez le bouillon et portez à ébullition. Prolongez la cuisson à petits frémissements pendant 50 minutes. Ajoutez les vermicelles et mélangez bien. Comptez encore 10 minutes de cuisson.

HARIRA À LA VIANDE ET AUX FÈVES

6 pers. Préparation : 15 min Cuisson : 40 min

1 kg de fèves (éventuellement surgelées) • 300 g de viande de bœuf découpée en petits dés • 1 filet d'huile d'olive • 1 oignon • 3 gousses d'ail • 1 bouquet de coriandre fraîche • 1 cuil. à café de cumin • sel • poivre

Réalisation

Écossez les fèves et pelez-les. Pelez l'oignon et émincez-le. Pelez les gousses d'ail et hachez-les. Passez le bouquet de coriandre sous le robinet d'eau froide et ciselez-le.

Dans un grand faitout, rassemblez les fèves, la viande, l'oignon et l'ail. Versez 2 l d'eau salée et portez à ébullition. Ajoutez le cumin et la coriandre. Salez et poivrez. Prolongez la cuisson 30 minutes à feu doux. Servez la soupe arrosée d'un filet d'huile d'olive.

SOUPE DE LÉGUMES

6 pers. Préparation : 20 min Cuisson : 1 h 05

3 carottes • 3 pommes de terre • 3 navets • 2 branches de céleri • 2 oignons • 2 tomates • 2 petites courgettes • 2 l de bouillon de légumes (éventuellement à base de préparation déshydratée) • 1 bouquet de coriandre fraîche • 1 pincée de cumin • 1 filet d'huile d'olive • sel • poivre

Réalisation

Épluchez les carottes et coupez-les en rondelles. Pelez les pommes de terre et détaillez-les en cubes. Épluchez les navets et coupez-les en quartiers. Détaillez les branches de céleri en tronçons. Lavez les courgettes, et émincez-les. Pelez les oignons et hachez-les. Portez une casserole d'eau à ébullition. Ébouillantez-y les tomates pendant quelques secondes. Égouttez-les, et laissez-les refroidir avant de les peler et de les épépiner. Concassez-les. Versez un large filet d'huile dans un grand faitout. Faites-y dorer les oignons hachés, puis ajoutez les rondelles de carottes, les cubes de pommes de terre, les quartiers de navets, les branches de céleri coupées en tronçons, les courgettes émincées et les tomates pelées et concassées, avec la coriandre ciselée et le cumin. Versez le bouillon et portez à ébullition. Prolongez la cuisson à petits frémissements pendant 1 heure. Rectifiez l'assaisonnement avant de servir.

SOUPE DE SEMOULE

6 pers. Préparation : 10 min Cuisson : 30 min

500 g de semoule de couscous fine • 2 l de bouillon de volaille (éventuellement à base de préparation déshydratée) • 1/2 bouquet de persil plat • 1/2 bouquet de coriandre fraîche • 1 pincée de cumin • 3 gousses d'ail pelées et hachées • 15 cl d'huile d'olive • sel • poivre

Réalisation

Versez le bouillon dans un grand faitout. Ajoutez l'huile d'olive et portez à ébullition. Versez la semoule en pluie en remuant énergiquement à l'aide d'une cuillère en bois, de façon à éviter les grumeaux. Comptez 10 minutes de cuisson. Lavez les bouquets de persil plat et de coriandre sous le robinet d'eau froide. Essorez-les et ciselez-les. Ajoutez alors le reste des ingrédients. Prolongez la cuisson 15 minutes à feu doux. Rectifiez l'assaisonnement avant de servir.

SOUPE DE POULET

6 pers. Préparation : 20 min Cuisson : 1 h 15

1 poulet découpé en morceaux • 50 g de beurre • 5 cl d'huile d'olive • 6 carottes • 3 pommes de terre • 3 poireaux • 2 branches de céleri • 3 tomates • 1 branche de persil plat • 2 l de bouillon de volaille (éventuellement à base de préparation déshydratée) • sel • poivre

Réalisation

Portez une casserole d'eau à ébullition. Ébouillantez-y les tomates pendant quelques secondes. Égouttez-les, et laissez-les refroidir avant de les peler et de les épépiner. Concassez-les. Assaisonnez les morceaux de poulet et faites-les dorer dans l'huile et le beurre, au fond d'une cocotte. Ajoutez la concassée de tomates et prolongez la cuisson sur feu doux. Épluchez les carottes, les pommes de terre et les branches de céleri. Parez les poireaux. Coupez tous les légumes en morceaux. Ajoutez-les dans la cocotte et versez le bouillon. Portez à ébullition, puis faites cuire à feu moyen. Laissez mijoter 50 minutes environ. Pendant ce temps, passez le bouquet de persil sous le robinet d'eau froide. Essorez-le dans du papier absorbant et ciselez-le. Rectifiez l'assaisonnement, et saupoudrez de persil ciselé avant de servir.

SOUPE DE MOUTON

6 pers. Préparation : 20 min Cuisson : 1 h 05

400 g de viande de mouton désossée • 3 cuil. à soupe d'huile d'olive • 1 oignon moyen • 1/2 cuil. à café de cannelle • 100 g de vermicelles • 2 œufs • 1 citron • 1/2 bouquet de persil plat • sel • poivre

Réalisation

Posez la viande de mouton sur une planche en bois et à l'aide d'un couteau bien aiguisé, découpez-la en cubes. Pressez le citron pour en recueillir le jus. Pelez et hâchez l'oignon. Dans un grand faitout, faites chauffer l'huile. Déposez-y les morceaux de viande. Salez, poivrez et faites-les revenir pendant 3 minutes. Ajoutez l'oignon. Quand la viande commence à dorer, ajoutez la cannelle, puis versez 1,5 l d'eau. Portez à ébullition. Baissez le feu et prolongez la cuisson à petits frémissements pendant 45 minutes environ. Ajoutez alors les vermicelles. Comptez encore 15 minutes de cuisson. Dans le bol du robot, rassemblez les œufs, le persil et le jus de citron. Mixez et incorporez cette préparation à la soupe, en mélangeant bien. Servez très chaud.

BOUILLON AUX MERGUEZ ET AUX ŒUFS

6 pers. **Préparation : 20 min Cuisson : 35 min**

1 douzaine de merguez • 6 œufs • 15 cl d'huile d'olive • 4 tomates • 1 cuil. à soupe d'harissa • 1 cuil. à café de graines de carvi • 3 gousses d'ail pelées et hachées • 1,5 l de bouillon chaud (volaille ou légumes, éventuellement, à base de préparation déshydratée) • sel • poivre

Réalisation

Portez une casserole d'eau à ébullition. Ébouillantez-y les tomates pendant quelques secondes. Égouttez-les, et laissez-les refroidir avant de les peler et de les épépiner. Concassez-les. Rassemblez les graines de carvi dans un mortier et pilez-les. Si vous n'avez pas de mortier, mixez-les dans le bol du robot. Versez l'huile d'olive dans une marmite posée sur feu vif et faites-y revenir les merguez coupées en morceaux. Quand elles sont bien dorées, ajoutez les tomates concassées, l'harissa délayée dans un peu d'eau, l'ail et les graines de carvi pilées ou mixées. Versez le bouillon chaud et faites cuire 30 minutes. Hors du feu, incorporez, un à un, les œufs dans le bouillon. Mélangez vivement, pour bien lier l'ensemble. Rectifiez l'assaisonnement avant de déguster la soupe. Servez avec des tranches de pain rassis, ou des croûtons.

Notre conseil : servez avec des tranches de pain rassis ou des croûtons.

SOUPE DE POISSON

6 pers. Préparation : 20 min Cuisson : 1 h

500 g de filets de poissons de mer de votre choix • 2 œufs • 15 cl d'huile d'olive • 3 pommes de terre • 300 g de tomates • 150 g de vermicelles • 1 branche de céleri • 1 bouquet de coriandre ciselée • 1 citron • sel • poivre

Réalisation

Épluchez les pommes de terre et coupez-les en morceaux. Pelez la branche de céleri et coupez-la en tronçons. Portez une casserole d'eau à ébullition. Ébouillantez-y les tomates pendant quelques secondes. Égouttez-les, et laissez-les refroidir avant de les peler et de les épépiner. Concassez-les. Pressez le citron pour en recueillir le jus. Passez le bouquet de coriandre sous le robinet d'eau froide. Essorez-le dans du papier absorbant et ciselez-le. Dans une grande cocotte, faites revenir dans l'huile les filets de poissons. Quand ils sont colorés, ajoutez les pommes de terre, le céleri et les tomates. Assaisonnez. Versez 1,5 l d'eau et faites cuire 30 minutes. Ajoutez les pâtes et la coriandre, puis prolongez la cuisson 20 minutes. Écrasez grossièrement l'ensemble à l'aide d'une écumoire, et ajoutez les œufs un à un en mélangeant vivement. Versez le jus de citron dans la soupe juste avant de servir.

HARIRA POIS CHICHES ET POTIRON

6 pers. Préparation : 20 min Cuisson : 1 h 15

800 g de chair de potiron • 200 g de pois chiches en boîte • 2 oignons • 6 petites carottes • 1,5 l de bouillon • 2 bouquets de persil plat ciselé • 1 large filet d'huile d'olive • 1 pincée de cumin • sel • poivre

Réalisation

Retirez la peau du potiron. Découpez la chair en cubes. Égouttez les pois chiches et rincez-les sous l'eau claire. Épluchez les carottes et coupez-les en rondelles. Pelez les oignons et émincez-les. Dans un faitout, versez un large filet d'huile et faites-y revenir les oignons, à feu doux. À coloration, ajoutez le potiron, les carottes et les pois chiches. Versez le bouillon, salez, poivrez et saupoudrez de cumin. Portez à ébullition, puis faites cuire pendant 1 heure environ.Saupoudrez de persil ciselé, 5 minutes avant la fin de la cuisson, puis mixez la soupe.

LES SALADES

•

SALADE D'OLIVES

6 pers. Préparation : 10 min Marinade : 2 h

500 g d'olives dénoyautées (vertes et noires) • 1 bocal de poivrons marinés • 1 citron • 1 pointe de couteau d'harissa • 1 bouquet de persil plat ciselé • 1 gousse d'ail écrasée • 4 cuil. à soupe d'huile d'arachide • 1 cuil. à café de cumin • sel

Réalisation

Passez le bouquet de persil sous le robinet d'eau froide. Essorez-le dans du papier absorbant et ciselez-le. Pressez le citron pour en recueillir le jus. Égouttez les poivrons et coupez-les en lanières. Dans un saladier, rassemblez les olives et les poivrons émincés. Ajoutez le jus de citron, l'harissa, le bouquet de persil ciselé, la gousse d'ail écrasée, le cumin et l'huile d'arachide. Salez et mélangez. Laissez mariner 2 heures au moins avant de servir.

SALADE DE BETTERAVE

6 pers. Préparation : 10 min

4 grosses betteraves cuites • 1 bouquet de coriandre • 1 citron • 1 cuil. à café de cumin • 3 cuil. à soupe d'huile d'olive • sel

Réalisation

Coupez les betteraves cuites en cubes et rassemblez-les dans un saladier. Pressez le citron pour en recueillir le jus. Lavez le bouquet de coriandre. Essorez-le dans du papier absorbant et ciselez-le au-dessus du saladier. Ajoutez le jus de citron, l'huile d'olive, le sel et le cumin. Mélangez bien avant de servir.

SALADE DE CITRONS CONFITS

6 pers. Prép. : 20 min (+ 30 min pour dessaler les citrons)

4 citrons confits (à acheter dans les épiceries spécialisées) • 1 bocal de poivrons marinés • 1 bouquet de coriandre • 3 tomates • 3 gousses d'ail hachées • 1 pointe de couteau d'harissa • 1 pincée de cumin • 6 cuil. à soupe d'huile d'olive

Réalisation

Faites dessaler les citrons confits pendant 30 minutes dans de l'eau tiède. Pendant ce temps, égouttez les poivrons et coupez-les en lanières. Lavez les tomates et coupez-les en cubes. Passez le bouquet de coriandre sous le robinet d'eau froide. Essorez-le dans du papier absorbant et ciselez-le. Ouvrez les citrons, retirez la pulpe et réservez-la pour une autre recette. Découpez les écorces en petits dés.

Dans un saladier, rassemblez les lanières de poivron, les cubes de tomate, la coriandre ciselée, les dés d'écorce de citron, l'harissa, le cumin et l'huile d'olive. Conservez au frais, jusqu'au moment de servir.

SALADE DE POIVRONS

6 pers. Préparation : 5 min Cuisson : 10 min

2 gros poivrons verts • 2 gros poivrons rouges • 1/2 bouquet de coriandre • 1 cuil. à café de cumin • 1 pincée de piment en poudre • 1 citron • 3 cuil. à soupe d'huile d'olive • 2 gousses d'ail • sel

Réalisation

Pressez le citron pour en recueillir le jus. Pelez les gousses d'ail et hachez-les. Passez le 1/2 bouquet de coriandre sous le robinet d'eau froide. Essorez-le dans du papier absorbant et ciselez-le. Ouvrez les poivrons en deux et déposez-les, peau au-dessus, sous le gril du four. Patientez 5 à 10 minutes (selon la puissance de votre gril) jusqu'à ce que la peau noircisse. Retirez-les et enfermez-les dans un sac en plastique. Lorsque les poivrons sont refroidis, pelez-les : la peau se retire très facilement. Coupez-les en lanières et déposez-les dans un plat creux. Ajoutez le jus du citron, l'huile d'olive, le cumin, la coriandre ciselée, le piment et les gousses d'ail hachées. Salez, mélangez bien et servez aussitôt.

SALADE D'ARTICHAUTS

6 pers. Préparation : 10 min

1 bocal de fonds d'artichaut cuits et marinés • 1 poignée d'olives • 1 citron • 4 cuil. à soupe d'huile d'olive • 1 cuil. à café de cumin • 1 pointe de piment • sel

Réalisation

Si vous en avez le courage, dénoyautez les olives. Pressez le citron pour en recueillir le jus. Égouttez les fonds d'artichaut. Coupez-les en cubes et déposez-les dans un plat creux. Ajoutez le jus du citron, l'huile d'olive, le cumin et le piment. Salez, mélangez bien et dégustez aussitôt.

Notre conseil : vous pouvez réaliser la même recette en utilisant des artichauts frais. Pour cela, effeuillez-les, retirez le foin et nettoyez bien les fonds. Citronnez-les pour éviter qu'ils noircissent et faites-les cuire 20 minutes dans de l'eau salée.

SALADE TIÈDE DE LENTILLES

6 pers. Préparation : 10 min Cuisson : 20 min

500 g de lentilles • 1 bouquet de persil plat • 1 gousse d'ail hachée • 1 oignon • 1 citron • 1 cuil. à café de cumin • 4 cuil. à soupe d'huile d'olive • sel

Réalisation

Triez les lentilles et faites-les cuire 20 minutes à l'eau bouillante. Goûtez-les et, si nécessaire, prolongez la cuisson. Pelez l'oignon et émincez-le. Pelez l'ail et hachez-le. Passez le bouquet de persil sous le robinet d'eau froide. Essorez-le dans du papier absorbant et ciselez-le. Pressez le citron pour en recueillir le jus.
Égouttez les lentilles et rassemblez-les dans un saladier avec l'ail, l'oignon émincé, le persil plat ciselé, le jus du citron, le cumin et l'huile d'olive. Salez selon votre goût et dégustez sans attendre.

SALADE DE FÈVES

6 pers. Préparation : 10 min Cuisson : 20 min

2 kg de fèves (éventuellement surgelées) • 3 gousses d'ail • 1 bouquet de coriandre fraîche • 1 cuil. à soupe de cumin • 10 cl d'huile d'arachide • le jus d'1 citron • sel • poivre

Réalisation

Pelez l'ail et hachez-le. Passez le bouquet de coriandre sous le robinet d'eau froide. Essorez-le dans du papier absorbant et ciselez-le. Écossez les fèves si nécessaire et rassemblez-les dans une casserole avec l'ail écrasé. Couvrez d'eau salée et faites cuire une vingtaine de minutes. Goûtez-les et, si nécessaire, prolongez la cuisson. Égouttez-les et rassemblez-les dans un saladier avec la coriandre fraîche ciselée, le cumin et le jus de citron. Arrosez d'huile, salez et poivrez. Servez aussitôt.

SALADE DE TOMATES ET POIVRONS

6 pers. Préparation : 10 min Cuisson : 5 min

10 tomates • 3 poivrons • 1 gousse d'ail hachée • 1 bouquet de coriandre fraîche • 15 cl d'huile d'olive • 1 cuil. à café de cumin • 2 citrons • sel • poivre

Réalisation

Pressez les citrons pour en recueillir le jus. Passez le bouquet de coriandre sous le robinet d'eau froide. Essorez-le dans du papier absorbant et ciselez-le. Glissez les poivrons sous le gril du four. Retournez-les en cours de cuisson pour les soumettre de tous côtés à la source de chaleur. Lorsque la peau est noire, retirez-les et enfermez-les dans un sac plastique. Laissez-les refroidir quelques minutes. Ouvrez le sac et pelez les poivrons (la peau brûlée se détache toute seule). Ouvrez-les en deux, retirez le pédoncule et épépinez-les. Coupez les poivrons en lanières. Portez une casserole d'eau à ébullition. Ébouillantez-y les tomates pendant quelques secondes. Égouttez-les et laissez-les refroidir avant de les peler et de les épépiner.

Concassez-les. Faites chauffer l'huile d'olive avec la gousse d'ail hachée dans une cocotte. Faites-y revenir les poivrons. Ajoutez les tomates. Comptez 2 minutes de cuisson.
Retirez du feu et laissez refroidir. Rassemblez-les sur un plat creux. Salez, poivrez, ajoutez le cumin et le jus des 2 citrons et saupoudrez de coriandre fraîche ciselée. Nappez d'un peu d'huile de cuisson avant de servir.

SALADE DE COUSCOUS

6 pers. Préparation : 15 min Repos au frais : 1 h

300 g de graine (semoule) de couscous fine • 4 tomates • 1 gousse d'ail • 2 oignons • 1 poivron vert • 1 bouquet de coriandre fraîche • 1 bouquet de menthe fraîche • 2 douzaines d'olives noires • 2 citrons • 20 cl d'huile d'olive • sel • poivre

Réalisation
Pelez les oignons et émincez-les. Pelez l'ail et hachez-le. Coupez les tomates en petits cubes. Ouvrez le poivron en 2. Égrainez-le et coupez-le en lanières. Lavez la coriandre et la menthe.

Essorez-les et ciselez-les. Dans un saladier, rassemblez la graine de couscous, les tomates, les oignons, la gousse d'ail, le poivron, les olives et les herbes. Pressez les citrons pour en recueillir le jus. Ajoutez-le dans le saladier avec l'huile d'olive. Salez et poivrez. Mélangez bien et en recueillir le jus que vous ajouterez dans le saladier au frais pour 1 heure environ : la préparation va « gonfler ». Mélangez encore avant de servir.

CAROTTES AU CUMIN

6 pers. Préparation : 10 min Cuisson : 20 min

900 g de carottes • 1 douzaine d'olives noires • 1 gousse d'ail • 1 cuil. à café de cumin en poudre • 1 bouquet de coriandre fraîche • 2 cuil. à soupe de vinaigre de vin • 3 cuil. à soupe d'huile d'olive • sel

Réalisation

Passez le bouquet de coriandre sous le robinet d'eau froide. Essorez-le dans du papier absorbant et ciselez-le. Épluchez les carottes et coupez-

les en rondelles. Faites-les cuire avec la gousse d'ail pressée dans de l'eau salée pendant 20 minutes.
Égouttez-les et versez-les dans un plat creux. Saupoudrez de cumin, ajoutez les olives et nappez d'huile et de vinaigre. Mélangez bien, rectifiez l'assaisonnement et ajoutez la coriandre ciselée. Servez tiède ou froid.

SALADE DE COURGETTES

6 pers. Préparation : 10 min Cuisson : 15 min

2 kg de courgettes • 2 gousses d'ail hachées • 1 cuil. à soupe de cumin • 3 cuil. à soupe d'huile d'arachide • 3 cuil. à soupe d'huile d'olive • 1 bouquet de coriandre • 2 citrons • 1 pointe de piment • sel

Réalisation

Nettoyez les courgettes et coupez-les en bâtonnets. Passez le bouquet de coriandre sous le robinet d'eau froide. Essorez-le dans du papier absorbant et ciselez-le.
Dans une casserole, faites chauffer l'huile

d'arachide avec les gousses d'ail hachées. Ajoutez les courgettes, le cumin et le piment. Salez et couvrez d'eau (pas trop). Faites cuire 15 minutes à petits frémissements. Ajoutez de l'eau si nécessaire en cours de cuisson.
Lorsque les courgettes sont cuites (c'est-à-dire lorsqu'elles arrivent à la consistance qui vous plaît : plus ou moins croquantes, selon votre goût), cessez la cuisson. Versez-les dans un plat creux. Ajoutez le jus des 2 citrons, la coriandre ciselée et l'huile d'olive. Rectifiez l'assaisonnement avant de servir. Dégustez tiède ou froid.

SALADE DE FENOUIL

6 pers. Préparation : 10 min

3 fenouils • 2 citrons • 1 bouquet de coriandre • 10 cl d'huile d'olive • 1 pointe d'harissa • sel

Réalisation

Lavez les fenouils et émincez-les finement à l'aide d'une mandoline. Lavez la coriandre et essorez-la. Pressez les citrons pour en recueillir le jus. Dans un saladier, rassemblez les fenouils et la coriandre ciselée. Versez l'huile d'olive et le jus de citron. Ajoutez l'harissa et le sel. Mélangez bien avant de servir.

Bon à savoir : condiment généralement vendu en tube, l'harissa est très appréciée des Marocains. Composée de purée d'ail et de piments rouges broyés dans un peu d'huile d'olive salée, elle est trés épicée. À consommer avec parcimonie !

SALADE DE CHICORÉE AU THON

6 pers. Préparation : 10 min

1 grosse chicorée frisée • 1 grosse boîte de thon • 1 bouquet de persil plat • 1 poignée d'olives noires • 1 large filet d'huile d'olive • 2 cuil. à soupe de vinaigre de vin • sel • poivre

Réalisation

Lavez la salade, essorez-la et émincez les feuilles. Passez le bouquet de persil sous le robinet d'eau froide. Essorez-le dans du papier absorbant et ciselez-le. Ouvrez la boîte de thon. Dans un plat creux, rassemblez la chicorée, le thon égoutté et émietté, le persil plat ciselé, les olives noires, l'huile et le vinaigre. Salez et poivrez. Mélangez et dégustez.

SALADE DE PATATES DOUCES

6 pers. Préparation : 15 min Cuisson : 15 min

3 patates douces • 1 botte de petits oignons blancs • 1 cm de gingembre • 1 cuil. à café de cumin • 1/2 bouquet de coriandre fraîche • 1/2 bouquet de persil plat ciselé • 1 citron confit • 1 poignée d'olives dénoyautées concassées • 15 cl d'huile d'olive • le jus de 2 citrons • sel

Réalisation

Pelez les patates douces et coupez-les en gros cubes. Pelez les oignons blancs et coupez-les en quartiers. Râpez le morceau de gingembre. Prélevez l'écorce du citron confit et coupez-la en dés. Passez le 1/2 bouquet de persil sous le robinet d'eau froide. Essorez-le dans du papier absorbant et ciselez-le. Faites la même chose avec la coriandre.

Faites chauffer l'huile dans un faitout, et faites-y revenir les oignons avec le gingembre et le cumin. Salez et ajoutez un peu d'eau. Couvrez et faites cuire 5 minutes à petits frémissements. Ajoutez les patates douces, mouillez d'eau à hauteur et faites cuire une dizaine de minutes. Hors du feu, ajoutez la coriandre ciselée, le persil ciselé, l'écorce de citron confit, le jus des 2 citrons et les olives concassées. Mélangez bien, rectifiez l'assaisonnement et laissez tiédir avant de servir.

CAVIAR DE POIVRONS VERTS ET ROUGES

6 pers. Préparation : 10 min Cuisson : 20 min

3 poivrons verts • 3 poivrons rouges • 3 gousses d'ail • 2 bouquets de coriandre hachée • 1/2 citron • 2 cuil. à soupe de vinaigre • 4 cuil. à soupe d'huile d'arachide • 1 cuil. à café de piment doux • 1 cuil. à café de cumin • sel • poivre

Réalisation

Glissez les poivrons sous le gril du four. Retournez-les en cours de cuisson, pour les soumettre de tous côtés à la source de chaleur. Lorsque la peau est noire, retirez-les et enfermez-les dans un sac plastique. Laissez-les refroidir quelques minutes. Ouvrez-le sac et pelez-les (la peau brûlée se détache toute seule). Ouvrez-les en deux, retirez le pédoncule et épépinez-les. Coupez les poivrons en lanières.

Lavez la coriandre. Essorez-la et effeuillez-la.

Dans le bol du robot ménager, rassemblez les moitiés de poivrons pelés, la coriandre effeuillée, et mixez le tout par à-coups : la préparation ne doit pas être trop liquide. Il est

important que des morceaux de pulpe subsistent. Pelez les gousses d'ail et hachez-les.
Versez 1 cuillère à soupe d'huile d'arachide dans un faitout et faites-y revenir le caviar de poivron avec le piment doux, le cumin et l'ail haché. Comptez 10 minutes de cuisson à feu doux en remuant de temps en temps.
Versez le caviar dans un plat creux. Assaisonnez-le de jus de citron, de vinaigre, du reste d'huile. Salez et poivrez. Dégustez tiède ou froid.

CAVIAR D'AUBERGINE/ZAALOUK

6 pers. Préparation : 10 min Cuisson : 40 min

4 aubergines • 2 tomates • 3 gousses d'ail • le jus d'1 citron • 1 cuil. à café de cumin • 1 poignée de persil plat • huile d'olive • sel • poivre

Réalisation

Préchauffez le four à 210 °C (th. 7). Lavez les aubergines et enveloppez-les dans du papier d'aluminium. Enfournez-les pour 30 minutes.

Pendant ce temps, portez une casserole d'eau à ébullition. Ébouillantez-y les tomates pendant quelques secondes. Égouttez-les et laissez-les refroidir. Pelez-les, ouvrez-les en deux et épépinez-les. Concassez-les grossièrement. Pelez l'ail et hachez-le.
Sortez les aubergines du four. Laissez-les refroidir. Ouvrez-les et recueillez la chair cuite à l'aide d'une petite cuillère. Arrosez de jus de citron.
Dans un faitout, faites chauffer un large filet d'huile d'olive. Faites-y revenir la chair des aubergines, les tomates concassées et l'ail haché. Ajoutez le cumin et le persil ciselé. Salez, poivrez. Faites revenir la préparation 5 minutes.

Notre conseil : dégustez tiède ou froid sur des tranches de pain toasté.

FOIE M'CHARMLA

6 pers. Préparation : 15 min Cuisson : 45 min

1 kg de foie d'agneau • 1 bouquet de persil • 4 gousses d'ail • 1 citron confit • huile d'olive • 1 cuil. à café de cumin • 1 cuil. à café de paprika • sel

Réalisation

Déposez le foie sur une planche en bois et, à l'aide d'un couteau bien aiguisé, découpez-le en petits cubes. Pelez les gousses d'ail et hachez-les. Lavez le bouquet de persil et ciselez-le. Prélevez l'écorce du citron confit et émincez-la. Faites chauffer un large filet d'huile d'olive dans un faitout. Faites-y revenir les cubes de foie d'agneau avec l'ail haché. Saupoudrez de cumin et de paprika. Salez et mélangez. Comptez 3 minutes de cuisson à feu vif, puis ajoutez l'écorce du citron confit. Ajoutez 30 cl d'eau et faites cuire 25 minutes à feu moyen. À l'aide d'une écumoire, retirez les morceaux de foie et déposez-les dans un plat creux. Portez la sauce à ébullition et laissez-la réduire avant de la verser dans le plat. Dégustez tiède.

CAROTTES AU PERSIL

6 pers. Préparation : 10 min Cuisson : 15 min

1,5 kg de carottes nouvelles • 1 bouquet de persil plat • 3 gousses d'ail • 3 cuil. à soupe de vinaigre • 1 cuil. à café de cumin • 1 cuil. à café de paprika • huile d'olive • sel • poivre

Réalisation

Grattez les carottes, coupez-les en tronçons et faites-les cuire dans une grande casserole d'eau salée pendant 15 minutes environ. Vérifiez la cuisson et si nécessaire prolongez-la.

Égouttez les carottes et rassemblez-les dans un plat creux. Pelez les gousses d'ail et hachez-les. Ajoutez-les aux carottes avec le cumin et le paprika. Lavez le bouquet de persil, essorez-le dans du papier absorbant et ciselez-le au-dessus du plat creux. Ajoutez le vinaigre, un large filet d'huile d'olive (soyez généreux). Salez et mélangez avant de servir. Dégustez tiède ou froid.

LES BRICKS, BRIOUATS ET CHAKCHOUKAS

•

BRIOUATS D'AGNEAU AU CUMIN

6 pers. Préparation : 30 min Cuisson : 30 min

10 feuilles de brick • 500 g de viande d'agneau hachée • 2 oignons • 2 gousses d'ail • 6 œufs • 1 bouquet de persil plat • 3 cuil. à café de cumin • 1 filet d'huile d'olive • huile de friture • sel • poivre

Réalisation

Pelez les gousses d'ail et les oignons. Hachez-les. Passez le bouquet de persil sous le robinet d'eau froide. Essorez-le dans du papier absorbant, et ciselez-le. Dans une cocotte, faites chauffer un filet d'huile et faites-y revenir l'ail et les oignons. À coloration, ajoutez le persil, puis les œufs, un par un, sans cesser de mélanger.
Ajoutez alors la viande et le cumin. Salez, poivrez et prolongez la cuisson 10 minutes en mélangeant bien.
Découpez les feuilles de brick en deux. Déposez

une cuillerée de farce sur chacune des moitiés et roulez les feuilles de façon à obtenir une sorte de gros cigare.
Faites chauffer de l'huile de friture dans une poêle et faites frire les briouats jusqu'à ce qu'ils soient bien dorés. Égouttez-les sur du papier absorbant avant de les déguster.

BRIOUATS DE POULET

6 pers. Préparation : 30 min Cuisson : 30 min

10 feuilles de brick • 500 g de blancs de poulet • 2 oignons • 2 gousses d'ail • 6 œufs • 1 bouquet de persil plat • 3 cuil. à café de cumin • 1 filet d'huile d'olive • huile de friture • sel • poivre

Réalisation

Hachez le poulet. Pelez les gousses d'ail et les oignons. Hachez-les. Passez le bouquet de persil sous le robinet d'eau froide. Essorez-le dans du papier absorbant, et ciselez-le.
Dans une cocotte, faites chauffer un filet d'huile et faites-y revenir l'ail et les oignons. À colora-

tion, ajoutez le persil, puis les œufs, un par un, sans cesser de mélanger.
Ajoutez alors le poulet haché et le cumin. Salez, poivrez et prolongez la cuisson 10 minutes en mélangeant bien.
Découpez les feuilles de brick en deux. Déposez une cuillerée de farce sur chacune des moitiés et roulez les feuilles de façon à obtenir une sorte de gros cigare.
Faites chauffer de l'huile de friture dans une poêle et faites frire les briouats jusqu'à ce qu'ils soient bien dorés. Égouttez-les sur du papier absorbant avant de les déguster.

CHAKCHOUKA AUX TOMATES ET AUX PIMENTS

6 pers. Préparation : 15 min Cuisson : 40 min

150 g de viande en conserve • 1 kg de tomates fraîches • 300 g de piments frais • 6 oignons • 1 pointe de couteau d'harissa • huile d'olive • sel

Réalisation

Pelez les oignons et émincez-les. Épépinez les piments et émincez-les. Portez une casserole d'eau à ébullition. Ébouillantez-y les tomates pendant quelques secondes. Égouttez-les, et laissez-les refroidir avant de les peler et de les épépiner. Concassez-les.

Dans un faitout, faites chauffer un filet d'huile d'olive, ajoutez la viande, les tomates, les piments, les oignons, l'harissa et un verre d'eau. Salez, couvrez et portez à ébullition. Faites mijoter 40 minutes environ à couvert. Ajoutez de l'eau en cours de cuisson, si nécessaire.

CHAKCHOUKA AUX MERGUEZ

6 pers. Préparation : 15 min Cuisson : 40 min

600 g de merguez • 1 kg de tomates fraîches • 300 g de piments frais • 6 oignons • 1 pointe de couteau d'harissa • huile d'olive • sel

Réalisation

Coupez les merguez en morceaux. Pelez les oignons et émincez-les. Épépinez les piments et émincez-les. Portez une casserole d'eau à ébullition. Ébouillantez-y les tomates pendant quelques secondes. Égouttez-les, et laissez-les refroidir avant de les peler et de les épépiner. Concassez-les.

Dans un faitout, faites chauffer un filet d'huile d'olive, ajoutez les merguez, les tomates, les piments, les oignons, l'harissa et un verre d'eau. Salez, couvrez et portez à ébullition. Faites mijoter 40 minutes environ à couvert. Ajoutez de l'eau en cours de cuisson, si nécessaire.

CHAKCHOUKA À L'ŒUF

6 pers. Préparation : 15 min Cuisson : 40 min

1 poivron vert • 6 tomates pelées • 3 gousses d'ail pilées
1 cuil. à café d'harissa • 6 œufs • sel

Réalisation

Lavez le poivron. Ouvrez-le et égrainez-le. Émincez-le en fines lanières et faites-le revenir dans une poêle et dans l'huile. Découpez les tomates en 4 et épépinez-les. Ajoutez-les dans la poêle avec l'ail pilé et l'harissa. Salez, couvrez et faites mijoter 20 minutes au moins.

Cassez les œufs dans la poêle un par un en les recouvrant – sans les casser – avec la préparation aux tomates. Prolongez la cuisson quelques minutes et dégustez.

CHAKCHOUKA AUX AUBERGINES

6 pers. Préparation : 15 min Cuisson : 40 min

2 kg d'aubergines • 1 cuil. à soupe de concentré de tomate • 3 oignons • 1 pointe de couteau d'harissa • huile d'olive • sel

Réalisation

Pelez les oignons et émincez-les. Lavez les aubergines et coupez-les en cubes.
Dans un faitout, faites chauffer un filet d'huile d'olive, ajoutez les aubergines, le concentré de tomate, les oignons, l'harissa et un verre d'eau. Salez, couvrez et portez à ébullition. Faites mijoter 40 minutes environ à couvert. Ajoutez de l'eau en cours de cuisson, si nécessaire.

CHAKCHOUKA AUX POMMES DE TERRE

6 pers. Préparation : 15 min Cuisson : 40 min

1 kg de pommes de terre • 400 g de tomates fraîches • 200 g de piments frais • 4 oignons • 1 pointe de couteau d'harissa • huile d'olive • sel

Réalisation

Pelez les oignons et émincez-les. Portez une casserole d'eau à ébullition. Ébouillantez-y les tomates pendant quelques secondes. Égouttez-les, et laissez-les refroidir avant de les peler et de les épépiner. Concassez-les. Pelez les pommes de terre et coupez-les en rondelles. Épépinez les piments et émincez-les.

Dans un grand faitout et dans un large filet d'huile d'olive, rassemblez les oignons, les tomates, les pommes de terre, l'harissa et les piments. Salez, couvrez d'eau et portez à ébullition. Faites mijoter 40 minutes environ à couvert. Ajoutez de l'eau en cours de cuisson, si nécessaire.

BRICK À LA POMME DE TERRE

6 pers. Préparation : 10 min Cuisson : 20 min

6 feuilles de brick • 300 g de pommes de terre • 1 bouquet de coriandre fraîche • 2 oignons • 2 cuil. à soupe de câpres • 1 large filet d'huile d'olive • 1 pointe d'harissa • sel

Réalisation

Lavez les pommes de terre et faites-les cuire à la vapeur une quinzaine de minutes. Pelez-les et écrasez-les grossièrement à la fourchette. Pelez les oignons et émincez-les. Passez le bouquet de coriandre sous le robinet d'eau froide. Essorez-le dans du papier absorbant et ciselez-le. Salez les pommes de terre, ajoutez l'harissa, les oignons, les câpres et la coriandre. Mélangez bien.

Découpez les feuilles de brick en deux. Repliez la partie ronde pour obtenir une bande assez large. Sur chacune des moitiés, déposez une cuillerée à soupe du mélange et repliez les feuilles de façon à obtenir de jolis petits triangles. Techniquement, il s'agit de rabattre la feuille à angle droit, et ainsi de suite, jusqu'au

bout de la bande. Terminez en glissant l'extrémité dans le dernier pli, comme pour une enveloppe : il y a un coup de main à prendre, mais une fois que vous aurez réussi le pliage de la première, ce sera facile.
Dans une poêle, faites chauffer l'huile et faites-y dorer les triangles quelques minutes de chaque côté.

Notre conseil : servez bien chaud avec une salade verte.

BRICK À L'ŒUF

6 pers. Préparation : 10 min Cuisson : 10 min

6 feuilles de brick • 6 œufs • 1/2 bouquet de persil plat • 2 oignons • huile d'olive • sel • poivre

Réalisation

Passez le bouquet de persil sous le robinet d'eau froide. Essorez-le dans du papier absorbant et ciselez-le. Pelez les oignons et hachez-les. Dans une petite cocotte, faites chauffer un peu d'huile

et faites-y étuver 5 minutes le persil et les oignons. Retirez du feu.
Déposez un peu de hachis sur chacune des feuilles de brick. Cassez un œuf dessus et assaisonnez. Repliez délicatement de façon à obtenir un rectangle. Faites dorer de chaque côté dans une poêle et dans l'huile chaude.

Notre conseil : dégustez avec une salade de tomates.

BRICK AU POULET

6 pers. Préparation : 15 min Cuisson : 25 min

12 feuilles de brick • 3 escalopes de poulet • 300 g de pommes de terre • 1 bouquet de coriandre • 1 cuil. à café de paprika • 5 œufs • 2 oignons • 1 large filet d'huile d'olive • sel • poivre

Réalisation

Pelez les oignons et hachez-les. Passez le bouquet de coriandre sous le robinet d'eau froide. Essorez-le dans du papier absorbant et ciselez-le. Dans une casserole d'eau bouillante, faites cuire 3 œufs durs. Pelez les pommes de terre et coupez-les en morceaux. Émincez finement les escalopes de poulet. Rassemblez les pommes de terre et les escalopes dans une cocotte avec les oignons hachés et la coriandre. Couvrez d'eau à hauteur, salez et faites cuire 15 minutes. Quand les pommes de terre sont cuites, retirez du feu. Videz l'excès de jus et écrasez grossièrement l'ensemble à la fourchette avec le paprika. Ajoutez les 2 œufs frais et mélangez. Rectifiez l'assaisonnement.

Écalez les œufs durs et concassez-les.

Sur chaque feuille de brick, déposez une grosse cuillerée de mélange au poulet. Ajoutez quelques morceaux d'œufs durs, et repliez en forme de rectangle.

Faites dorer dans une poêle et dans l'huile chaude quelques minutes de chaque côté.

BRIOUATS AU FROMAGE FRAIS

6 pers. Préparation : 20 min Cuisson : 30 min

300 g de fromage frais • 6 œufs • 50 g de beurre • 9 feuilles de brick • 1 bouquet de coriandre fraîche • sel • poivre • huile de friture

Réalisation

Passez le bouquet de coriandre sous le robinet d'eau froide. Essorez-le dans du papier absorbant et ciselez-le.

Rassemblez dans une casserole le fromage, le beurre, le sel, le poivre et la coriandre ciselée. Ajoutez les œufs battus. Faites cuire sur feu doux et mélangez jusqu'à épaississement.

Coupez les feuilles de brick en 4.

Placez une noix de farce à l'extrémité de chaque bande et repliez en forme de cigare.

Faites chauffer l'huile dans une poêle et faites-y frire les briouats de chaque côté.

Égouttez-les sur du papier absorbant avant de déguster.

BRIOUATS DE BŒUF À LA CORIANDRE

6 pers. Préparation : 30 min Cuisson : 30 min

10 feuilles de brick • 500 g de bœuf haché • 2 oignons • 2 gousses d'ail • 6 œufs • 1 bouquet de coriandre • 1 cuil. à café de cumin • 1 filet d'huile d'olive • huile de friture • sel • poivre

Réalisation

Pelez les gousses d'ail et les oignons. Hachez-les. Passez le bouquet de coriandre sous le robinet d'eau froide. Essorez-le dans du papier absorbant, et ciselez-le.

Dans une cocotte, faites chauffer un filet d'huile et faites-y revenir l'ail et les oignons. À coloration, ajoutez la coriandre, puis les œufs, un par un, sans cesser de mélanger.

Ajoutez alors la viande et le cumin. Salez, poivrez et prolongez la cuisson 10 minutes en mélangeant bien.Découpez les feuilles de brick en deux. Déposez une cuillerée de farce sur chacune des moitiés et roulez les feuilles de façon à obtenir une sorte de gros cigare.

Faites chauffer de l'huile de friture dans une poêle et faites frire les briouats jusqu'à ce qu'ils soient bien dorés. Égouttez-les sur du papier absorbant avant de les déguster.

BRICK AU THON

6 pers. Préparation : 5 min Cuisson : 20 min

12 feuilles de brick • 300 g de thon à l'huile (en boîte) • 1 bouquet de coriandre fraîche • 1 cuil. à café de piment doux • 1 cuil. à café de cumin en poudre • 3 œufs • 1 gousse d'ail • 1 large filet d'huile d'olive • sel • poivre

Réalisation

Pelez l'ail et hachez-le. Passez le bouquet de coriandre sous le robinet d'eau froide. Essorez-le dans du papier absorbant et ciselez-le. Faites cuire les œufs dans une casserole d'eau pendant une dizaine de minutes. Écalez-les et concassez-les. Dans un saladier, rassemblez le thon égoutté, la coriandre ciselée, le piment doux, le cumin en poudre, les œufs durs et la gousse d'ail hachée. Mélangez bien à la fourchette, salez et poivrez. Garnissez vos feuilles de brick de ce mélange et pliez-les en triangle ou en rectangle. Faites-les dorer dans une poêle avec un filet d'huile.

LES COUSCOUS

•

COUSCOUS AUX RAISINS SECS ET POIS CHICHES

6 pers. Préparation : 15 min Cuisson : 1 h environ

1 kg de graine (semoule) de couscous en paquet • 1 poignée de raisins secs • 1 petite boîte de pois chiches • 800 g de jarret de veau • 4 oignons • 200 g de beurre • 1 pincée de safran • sel • poivre

Réalisation

Pelez les oignons et coupez-les en quartiers. Remplissez d'eau la partie basse du couscoussier et ajoutez-y les oignons, les pois chiches égouttés, la viande coupée en morceaux, la moitié du beurre et le safran. Salez et poivrez. Posez la partie haute du couscoussier sur la partie basse. Versez-y la graine de couscous et portez à ébullition. Quand la vapeur s'échappe, comptez une demi-heure de cuisson. Retirez le couscous, versez-le dans un plat creux et séparez les grains à la main. Arrosez-le d'un verre d'eau

froide salée et laissez-le s'en imprégner. Ajoutez alors les raisins secs dans le bouillon. Remettez le couscous dans la partie haute et portez une nouvelle fois à ébullition. Attendez que la vapeur s'échappe. À ce moment-là, retirez du feu. Versez le couscous dans le plat creux, incorporez-lui le reste du beurre et arrosez d'une ou deux louches de bouillon.
À l'aide d'une écumoire, récupérez la garniture. Déposez-la dans un plat de service. Disposez sur la table, le couscous d'un côté, la garniture de l'autre, et le bouillon en soupière.

COUSCOUS AUX FRUITS DE MER

6 pers. Préparation : 25 min Cuisson : 1 h 30

1 kg de graine (semoule) de couscous en paquet • 1 kg de filets de poissons variés (de Méditerranée) • 1,5 l de moules • 500 g de crevettes • 300 g d'encornets prêts à l'emploi (préparés par le poissonnier, ou éventuellement surgelés) • 1 kg de tomates • 1 kg de courgettes • 3 oignons • 2 gousses d'ail • 1 cuil. à soupe de curcuma • 1 bouquet de coriandre fraîche • 1 boite de pois chiches • 15 cl d'huile d'olive • 100 g de beurre • sel • poivre

Réalisation

Nettoyez les moules en les grattant à l'aide d'un couteau sous un filet d'eau froide. Rassemblez-les dans une cocotte. Posez-la sur feu moyen sans ajouter d'eau. Couvrez et laissez s'ouvrir. Retirez les coquilles vides et conservez les coquilles pleines.

Pelez les oignons et émincez-les. Pelez les gousses d'ail et hachez-les. Ébouillantez les tomates quelques secondes, avant de les peler et de les concasser grossièrement. Lavez les courgettes et coupez-les en rondelles.

Dans la partie basse du couscoussier, faites chauffer l'huile d'olive. Faites-y dorer l'ail et les oignons. Ajoutez les tomates, les pois chiches égouttés, les crevettes et le curcuma. Ajoutez 2 l d'eau environ, salez, poivrez et portez à ébullition. Posez la partie haute du couscoussier sur la partie basse. Versez-y la graine de couscous et portez à ébullition. Quand la vapeur s'échappe, comptez une demi-heure de cuisson.

Retirez le couscous, versez-le dans un plat creux et séparez les grains à la main. Arrosez-le d'un verre d'eau froide salée et laissez-le s'en imprégner. Ajoutez alors les courgettes, les moules, les encornets et les poissons dans le bouillon. Remettez le couscous dans la partie haute et portez une nouvelle fois à ébullition. Attendez que la vapeur s'échappe. À ce moment-là, retirez du feu. Versez le couscous dans le plat creux, incorporez-lui le beurre et arrosez de bouillon largement.

À l'aide d'une écumoire, récupérez la garniture. Déposez-la dans un plat de service. Disposez sur la table, le couscous d'un côté et la garniture de l'autre.

COUSCOUS BIDAWI AUX 7 LÉGUMES

6 pers. Préparation : 35 min Cuisson : 2 h

500 g de viande de mouton en 6 morceaux (épaule ou selle) • 500 g de viande de veau en 6 morceaux (collet, poitrine ou jarret) • 1/2 chou vert pommé • 1 cuil. à soupe de jus de citron • 2 oignons pelés piqués de clous de girofle • 4 oignons pelés et émincés • 250 g de pois chiches en boîte • 150 g de beurre • 1 pincée de safran • 1 kg de couscous • 250 g de tomates pelées • 250 g de petits navets épluchés • 250 g de carottes épluchées • 1 bouquet de coriandre • 250 g de courge • 250 g de patates douces • 100 g d'huile d'olive • piment • sel • poivre

Réalisation

Portez une casserole d'eau à ébullition avec le jus de citron. Retirez le trognon du chou. Faites-le blanchir en le plongeant dans l'eau bouillante pendant 5 minutes. Retirez-le et égouttez-le. Déposez les morceaux de viande dans la partie basse du couscoussier. Ajoutez le chou, les oignons émincés, les pois chiches et le safran. Salez, poivrez et recouvrez d'eau largement. Dans la partie haute du couscoussier, versez le couscous. Déposez le couscoussier sur feu vif.

Dès que la vapeur s'échappe (elle doit s'échapper par le haut), comptez 30 minutes de cuisson. Retirez alors le couscous et déposez-le dans un grand plat en éliminant les grumeaux. Pour cela, séparez les grains en les écrasant à la fourchette. Arrosez d'un verre d'eau froide salée et laissez reposer 15 minutes environ.

Pendant ce temps, ajoutez oignons piqués, tomates, navets, carottes et coriandre ciselée dans le bas du couscoussier. Assaisonnez de piment selon votre goût. Remettez alors le couscous dans la partie haute, et celle-ci sur le couscoussier. Comme précédemment, dès que la vapeur s'échappe, comptez 15 minutes de cuisson.Retirez alors le couscous et déposez-le dans un grand plat en éliminant les grumeaux. Égrainez encore.

Arrosez d'huile d'olive et laissez reposer 15 minutes environ.

Découpez en cubes la courge et les patates douces épluchées. Prélevez un peu de bouillon et faites cuire courge et patates dans un faitout, à part. Allongez d'eau si nécessaire.

Refaites cuire une troisième fois le couscous.

Arrêtez la cuisson, cinq minutes seulement après l'échappement de la vapeur. Égrainez une dernière fois.
Avant de servir, vérifiez la cuisson et l'assaisonnement de la viande.
Servez dans un grand plat creux, le couscous garni des deux viandes et de leurs légumes.

COUSCOUS À L'AGNEAU

6 pers. Préparation : 40 min Cuisson : 1 h 35

1 kg de gigot d'agneau • 1 kg de semoule de couscous • 500 g de carottes • 500 g de navets • 250 g de potiron • 2 courgettes • 1 grosse boîte de pois chiches • 3 tomates • 2 oignons hachés • 1/2 bouquet de coriandre • 2 cm de gingembre râpé • huile d'olive • sel • poivre

Réalisation

Épluchez les carottes, les navets, les courgettes et le potiron, et coupez-les en morceaux. Portez une casserole d'eau à ébullition. Ébouillantez-y les tomates pendant quelques secondes. Égouttez-les, et laissez-les refroidir avant de les peler et de les épépiner. Concassez-les. Passez le 1/2 bouquet de coriandre sous le robinet d'eau froide. Essorez-le dans du papier absorbant, et ciselez-le.

Versez un large filet d'huile d'olive dans un faitout. Faites-y colorer les oignons et la viande pendant 3 minutes, puis ajoutez les tomates concassées et saupoudrez de gingembre râpé. Salez et poivrez. Recouvrez d'eau largement. Portez à ébullition, puis laissez mijoter 10 minutes à feu doux.

Égouttez les pois chiches et ajoutez-les. Prolongez la cuisson 15 minutes avant d'ajouter les carottes, les navets, les courgettes et le potiron. Ajoutez de l'eau si nécessaire et laissez cuire encore 20 minutes environ. Rectifiez l'assaisonnement. Saupoudrez de coriandre ciselée.

Pendant ce temps, préparez la semoule de couscous : versez-la dans une jatte. Arrosez-la d'un ou deux verres d'eau tiède et mélangez bien jusqu'à ce que toute l'eau soit absorbée. Ajoutez une pincée de sel avant de verser le couscous dans la partie haute du couscoussier. Mettez de l'eau à chauffer dans la partie basse. Assemblez

les deux parties et portez à ébullition. Dès que la vapeur s'échappe, comptez 20 minutes de cuisson.
Retirez alors le couscous et déposez-le dans un grand plat en éliminant les grumeaux. Pour cela, séparez les grains en les écrasant à la fourchette.
Arrosez d'un verre d'eau froide salée, et laissez reposer 15 minutes environ.
Remettez alors le couscous dans la partie haute et sur le couscoussier. Comme précédemment, et dès que la vapeur s'échappe, comptez 20 minutes de cuisson.
Retirez alors le couscous, et déposez-le dans un grand plat en éliminant les grumeaux. Égrainez encore.
Arrosez d'huile d'olive et laissez reposer 15 minutes environ.
Servez, dans un grand plat creux, la semoule et sa garniture.

COUSCOUS AU POULET

6 pers. Préparation : 30 min Cuisson : 1 h 30

1 kg de couscous • 1 gros poulet coupé en morceaux par le volailler • 1 kg de courgettes • 1 kg de tomates • 2 oignons • 1 grosse boîte de pois chiches égouttés • 1 bouquet de coriandre • 1 cm de gingembre • 1 cuil. à café de curcuma • huile d'olive • sel • poivre

Réalisation

Lavez les courgettes. Retirez les extrémités et coupez-les en rondelles. Pelez les oignons et hachez-les. Râpez le morceau de gingembre. Portez une casserole d'eau à ébullition. Ébouillantez-y les tomates pendant quelques secondes. Égouttez-les, et laissez-les refroidir avant de les peler et de les épépiner. Concassez-les. Passez le bouquet de coriandre sous le robinet d'eau froide. Essorez-le dans du papier absorbant, et ciselez-le. Dans un grand faitout, faites chauffer un large filet d'huile d'olive, et faites-y colorer les oignons hachés, avec les morceaux de poulet. Comptez 5 minutes de cuisson, puis ajoutez les pois chiches, les tomates, le gingembre râpé, le curcuma, du sel et du poivre. Couvrez d'eau à hauteur et portez à ébullition. Baissez le feu et faites mijoter la préparation 20 minutes.

Ajoutez alors les courgettes et la coriandre et prolongez la cuisson 20 minutes encore.

Pendant ce temps, préparez la semoule de couscous : versez-la dans une jatte. Arrosez-la d'un ou deux verres d'eau tiède et mélangez bien jusqu'à ce que toute l'eau soit absorbée. Ajoutez une pincée de sel avant de verser le couscous dans la partie haute du couscoussier. Mettez de l'eau à chauffer dans la partie basse. Assemblez les deux parties et portez à ébullition. Dès que la vapeur s'échappe, comptez 20 minutes de cuisson. Retirez alors le couscous et déposez-le dans un grand plat en éliminant les grumeaux. Pour cela, séparez les grains en les écrasant à la fourchette. Arrosez d'un verre d'eau froide salée et laissez reposer 15 minutes environ. Remettez alors le couscous dans la partie haute sur le couscoussier. Comme précédemment, et dès que la vapeur s'échappe, comptez 20 minutes de cuisson.

Retirez alors le couscous et déposez-le dans un grand plat en éliminant les grumeaux. Égrainez encore.
Arrosez d'huile d'olive et laissez reposer 15 minutes environ.
Servez, dans un grand plat creux, la semoule et sa garniture.

COUSCOUS AUX COURGETTES ET AU LAIT

6 pers. Préparation : 40 min Cuisson : 1 h 30

1 kg de semoule de couscous • 1 gros poulet coupé en morceaux par le volailler • 1 kg de courgettes • 1 kg de navets • 1 kg de fèves prêtes à cuire (éventuellement surgelées) • 4 oignons • 1 bouquet de coriandre • 50 cl de lait • 1 dosette de safran• sel

Réalisation

Pelez les oignons et hachez-les. Passez le bouquet de coriandre sous le robinet d'eau froide. Essorez-le dans du papier absorbant et ciselez-le. Dans un large faitout, rassemblez les morceaux de poulet et les oignons. Salez et ajoutez le safran. Couvrez d'eau largement et portez à ébullition. Laissez mijoter pendant 20 minutes. Pendant ce temps, lavez les courgettes, retirez les extrémités et coupez-les en rondelles. Épluchez les navets et coupez-les en morceaux. Ajoutez-les dans le faitout avec les fèves et comptez 20 minutes de cuisson supplémentaires. Saupoudrez de coriandre ciselée.

Préparez la semoule de couscous : versez-la dans une jatte. Arrosez-la d'un ou deux verres d'eau tiède et mélangez bien jusqu'à ce que toute l'eau soit absorbée. Ajoutez une pincée de sel avant de verser le couscous dans la partie haute du couscoussier. Mettez de l'eau à chauffer dans la partie basse. Assemblez les deux parties et portez à ébullition. Dès que la vapeur s'échappe, comptez 20 minutes de cuisson.

Retirez alors le couscous et déposez-le dans un grand plat en éliminant les grumeaux. Pour cela, séparez les grains en les écrasant à la fourchette. Arrosez d'un verre d'eau froide salée et laissez reposer 15 minutes environ.

Remettez alors le couscous dans la partie haute, et la partie haute sur le couscoussier. Dès que la vapeur s'échappe, comptez à nouveau 20 minutes de cuisson.
Retirez alors le couscous et déposez-le dans un grand plat en éliminant les grumeaux. Égrainez encore. Faites chauffer le lait dans une petite casserole avec une louche de bouillon.
Arrosez avec le lait, et laissez reposer 15 minutes environ. Rectifiez l'assaisonnement.
Servez, dans un grand plat creux, la semoule et sa garniture.

COUSCOUS AU BEURRE

6 pers. Préparation : 20 min Cuisson : 1 h

1 kg de semoule de couscous • 100 g de poudre d'amandes • 1 botte de petits oignons blancs • 500 g de fèves prêtes à l'emploi (éventuellement surgelées) • 1 kg de courgettes • 200 g de beurre • sel

Réalisation

Lavez les courgettes et retirez les extrémités. Coupez-les en rondelles. Pelez les oignons blancs et coupez-les en quartiers.

Dans la partie basse du couscoussier, rassemblez les fèves, les courgettes et les oignons. Ajoutez de l'eau à hauteur, salez et portez à ébullition. Baissez le feu et laissez mijoter la préparation pendant 20 minutes environ.

Dans un plat creux, versez la semoule et les amandes en poudre. Ajoutez un verre d'eau tiède. Mélangez bien et transvasez le mélange dans la partie haute du couscoussier.

Portez une nouvelle fois à ébullition. Attendez que la vapeur s'échappe. À partir de ce moment-là, comptez 25 minutes de cuisson. Versez le

couscous dans le plat creux, incorporez-lui le beurre fondu et arrosez largement de 2 louches de bouillon.
Servez la semoule accompagnée des légumes égouttés.

LES TAJINES

•

TAJINE D'AGNEAU AUX DATTES

6 pers. Préparation : 15 min Cuisson : 1 h 15

1,5 kg de viande d'agneau désossée • 300 g de dattes fraîches • 1 poignée de graines de sésame • 2 cuil. à soupe de miel • 1 dosette de safran • 1 cuil. à café de cannelle • 4 cuil. à soupe d'huile • 2 oignons • 50 g de beurre • sel • poivre

Réalisation

Déposez la viande sur une planche en bois et découpez-la en une douzaine de morceaux à l'aide d'un long couteau bien aiguisé. Pelez les oignons et émincez-les.

Versez l'huile dans un plat à tajine ou une cocotte et faites-y revenir les morceaux de viande. Ajoutez alors les épices (cannelle, safran), les oignons émincés et couvrez d'eau. Salez, poivrez et faites cuire à feu doux et à couvert, pendant 1 heure environ.

Vérifiez que la viande est cuite et retirez-la. Conservez-la au chaud. Ajoutez alors les dattes, le miel et le beurre dans la cocotte. Ajoutez un peu d'eau si nécessaire et faites mijoter jusqu'à obtenir une sauce à la consistance sirupeuse. Remettez alors la viande dans le plat, prolongez la cuisson 15 minutes encore. Disposez les morceaux de viande et les pruneaux dans un plat de service. Nappez de sauce et de graines de sésame.

Bon à savoir : le tajine, c'est d'abord le nom du plat en terre cuite vernissée utilisé pour la cuisson. Composé de deux parties, sa base est creuse et ronde, et son couvercle est conique. Si vous souhaitez utiliser un plat à tajine, sachez qu'il ne peut être posé directement sur la plaque chauffante. Il est nécessaire d'intercaler un diffuseur de chaleur.

TAJINE DE POULET AUX COURGETTES

6 pers. Préparation : 20 min Cuisson : 1 h 15

6 escalopes de poulet • 2 kg de courgettes • 3 oignons • 2 branches de thym émietté • 1 bouquet de coriandre fraîche • 1 pincée de safran • 50 g de beurre • huile d'olive • sel • poivre

Réalisation

Découpez les blancs de poulet en morceaux, ni trop petits, ni trop gros. Pelez les oignons et hachez-les. Lavez les courgettes, retirez les extrémités et coupez-les en rondelles. Dans une cocotte, faites chauffer le beurre et un large filet d'huile. Faites dorer la viande et les oignons. Salez, poivrez largement et ajoutez le safran. Couvrez d'eau et portez à ébullition. Puis laissez mijoter 15 minutes.

Ajoutez alors les courgettes et le thym émietté. Portez à nouveau à ébullition. Au bout de 10 minutes, vérifiez la cuisson des courgettes (si nécessaire, prolongez la cuisson). À l'aide d'une écumoire, retirez viande et courgettes et déposez-les dans un plat creux. Laissez la sauce

sur feu vif : elle va réduire petit à petit et devenir plus onctueuse. Pendant ce temps, passez le bouquet de coriandre sous le robinet d'eau froide. Essorez-le dans du papier absorbant, et ciselez-le.
Remettez courgettes et viande dans la cocotte pour les faire réchauffer. Saupoudrez de coriandre ciselée. Servez bien chaud dans le plat de cuisson.

TAJINE D'AGNEAU AUX PRUNEAUX ET AUX GRAINES DE SÉSAME

6 pers. Préparation : 15 min Cuisson : 1 h 15

1,5 kg de gigot d'agneau désossé, découpé en morceaux • 300 g de pruneaux • 1 poignée de graines de sésame • 50 g de sucre en poudre • 1 dosette de safran • 1 cuil. à café de cannelle • 4 cuil. à soupe d'huile • 2 oignons • 50 g de beurre • sel • poivre

Réalisation

Pelez les oignons et émincez-les. Versez l'huile dans un plat à tajine ou une cocotte et faites-y

revenir les morceaux de viande. Ajoutez alors les épices (cannelle, safran), les oignons émincés et couvrez d'eau. Salez, poivrez et faites cuire à feu doux et à couvert, pendant 1 heure environ. Vérifiez que la viande est cuite et retirez-la. Conservez-la au chaud.
Ajoutez alors les pruneaux, le sucre et le beurre dans la cocotte. Ajoutez un peu d'eau si nécessaire et faites mijoter jusqu'à obtenir une sauce à la consistance sirupeuse.
Remettez alors la viande dans le plat, prolongez la cuisson 15 minutes encore. Disposez les morceaux de viande et les pruneaux dans un plat de service. Nappez de sauce et de graines de sésame.

TAJINE D'AGNEAU AUX RAISINS ET AU MIEL

6 pers. Préparation : 15 min Cuisson : 2 h

1,5 kg de gigot d'agneau désossé et coupé en morceaux par le boucher • 1 oignon • 1 bouquet de coriandre • 1 pincée de cannelle • 1 pincée de gingembre moulu • 250 g d'abricots secs • 2 poignées de raisins secs • 3 cuil. à soupe de miel • huile d'olive • sel • poivre

Réalisation

Lavez la coriandre sous le robinet d'eau froide. Essorez-la et ciselez-la. Pelez l'oignon et émincez-le. Faites gonfler les fruits secs dans un bol d'eau tiède. Dans un plat à tajine (ou une grande sauteuse) rassemblez un large filet d'huile d'olive, l'oignon émincé, la viande, la coriandre ciselée, la cannelle et le gingembre. Salez et poivrez. Versez de l'eau à hauteur des ingrédients et couvrez. Si vous utilisez un plat à tajine, déposez-le sur un diffuseur de chaleur, afin qu'il ne soit pas directement en contact avec la flamme ou la plaque. Faites mijoter 2 heures en mélangeant de temps en temps.

Ajoutez alors le miel et les fruits secs égouttés et prolongez la cuisson 20 minutes à découvert, le temps que la sauce épaississe.

TAJINE DE VEAU AUX FONDS D'ARTICHAUT

6 pers. Préparation : 20 min Cuisson : 1 h 30

1,5 kg de viande de veau coupée en cubes • 12 fonds d'artichaut prêts à cuire (éventuellement surgelés) • 1 kg de fèves prêtes à cuire (éventuellement surgelées) • 2 oignons • 2 gousses d'ail • 1/2 bouquet de persil plat • 1/2 bouquet de coriandre fraîche • 1 cm de gingembre râpé • 20 olives dénoyautées • 1 pincée de safran • huile d'olive • sel • poivre

Réalisation

Pelez les oignons et émincez-les. Pelez les gousses d'ail et hachez-les. Passez le bouquet de persil sous le robinet d'eau froide. Essorez-le dans du papier absorbant, et ciselez-le. Faites de même avec la coriandre.

Dans une cocotte, faites chauffer un large filet d'huile et faites dorer l'ail, les oignons et

la viande. Ajoutez le gingembre râpé et le safran. Salez et poivrez. Remplissez d'eau et portez à ébullition, puis laissez mijoter sur feu doux pendant 1 h.
Ajoutez alors les olives, les fèves, la coriandre ciselée, le persil ciselé et les fonds d'artichaut coupés en quatre. Prolongez la cuisson 25 minutes encore avant de servir.

TAJINE DE MOUTON À LA PURÉE D'AUBERGINE

6 pers. Préparation : 20 min Cuisson : 1 h 10

1,5 kg de viande de mouton coupée en cubes • 1,5 kg d'aubergines • 2 oignons • 2 gousses d'ail • 3 grosses tomates • huile d'olive • huile de friture • sel • poivre

Réalisation

Pelez l'ail et les oignons et hachez-les. Portez une casserole d'eau à ébullition. Ébouillantez-y les tomates pendant quelques secondes. Égouttez-les, et laissez-les refroidir avant de les peler et de les épépiner. Coupez-les en quartiers.

Dans une grande cocotte, versez un large filet d'huile d'olive et faites revenir les oignons et les tomates pendant 3 minutes. Ajoutez la viande et l'ail. Salez, poivrez, puis versez de l'eau à hauteur des ingrédients. Couvrez, portez à ébullition, puis laissez mijoter le mélange à feu moyen pendant 50 minutes.

Pendant ce temps : lavez les aubergines, pelez-les et coupez-les en rondelles. Dans de l'huile de friture (et dans une friteuse, si vous en avez une), faites frire les rondelles d'aubergines et égouttez-les sur du papier absorbant. Écrasez-les à la fourchette, salez et poivrez.

Servez la viande accompagnée de la purée d'aubergine et régalez-vous.

TAJINE DE POULET AUX PRUNEAUX ET AUX OIGNONS

6 pers. Préparation : 15 min Cuisson : 1 h 45

1 gros poulet, découpé en morceaux • 300 g de pruneaux • 250 g d'amandes effilées • 4 oignons • 50 g de sucre en poudre • 1 cuil. à café de gingembre moulu • 1 cuil. à café de muscade • 4 cuil. à soupe d'huile • 50 g de beurre • sel • poivre

Réalisation

Pelez les oignons et émincez-les. Versez l'huile dans un plat à tajine ou une cocotte et faites-y revenir les morceaux de viande. Ajoutez alors les épices (muscade, gingembre), les oignons émincés et couvrez d'eau. Salez, poivrez et faites cuire à feu doux et à couvert, pendant 1 heure environ. Vérifiez que la viande est cuite et retirez-la. Conservez-la au chaud.

Mettez alors les pruneaux, le sucre et le beurre dans la cocotte. Ajoutez un peu d'eau si nécessaire et faites mijoter jusqu'à obtenir une sauce à la consistance sirupeuse.

Remettez alors la viande dans le plat, prolongez la cuisson 15 minutes encore. Dans une poêle à revêtement antiadhésif, faites griller à sec (c'est-à-dire, sans matière grasse) les amandes effilées. Disposez les morceaux de viande et les pruneaux dans un plat de service. Saupoudrez d'amandes avant de déguster.

TAJINE DE POULET AUX DATTES ET AUX AMANDES

6 pers. Préparation : 15 min Cuisson : 1 h 15

1 gros poulet découpé en morceaux • 300 g de dattes fraîches • 100 g d'amandes effilées • 2 cuil. à soupe de miel • 1 dosette de safran • 1 cuil. à café de cannelle • 4 cuil. à soupe d'huile • 2 oignons • 50 g de beurre • sel • poivre

Réalisation

Pelez les oignons et émincez-les. Versez l'huile dans un plat à tajine ou une cocotte et faites-y revenir les morceaux de poulet. Ajoutez alors les épices (cannelle, safran), les oignons émincés et couvrez d'eau. Salez, poivrez et faites cuire à feu doux et à couvert, pendant 1 heure environ.

Vérifiez que la viande est cuite et retirez-la. Conservez-la au chaud.
Mettez alors les dattes, le miel et le beurre dans la cocotte. Ajoutez un peu d'eau si nécessaire et faites mijoter jusqu'à obtenir une sauce à la consistance sirupeuse.
Dans une poêle à revêtement antiadhésif, faites griller à sec (c'est-à-dire, sans matière grasse) les amandes effilées.
Remettez alors la viande dans le plat, prolongez la cuisson 15 minutes encore. Disposez les morceaux de viande et les pruneaux dans un plat de service. Nappez de sauce et d'amandes grillées.

Notre conseil : pour obtenir des amandes plus parfumées, il est parfois recommandé de les griller « à sec » dans une poêle à revêtement antiadhésif. Cette opération, simple à réaliser, demande toutefois une certaine attention car les amandes (surtout lorsqu'elles sont effilées) brûlent vite !

TAJINE DE VEAU AUX HARICOTS VERTS ET TOMATES

6 pers. Préparation : 20 min Cuisson : 1 h

1,5 kg de viande de veau coupée en cubes • 1,5 kg de haricots verts • 2 oignons • 1 kg de tomates • 1 pincée de safran • 1 cuil. à café de gingembre moulu • 2 cuil. à soupe de piment doux • huile d'olive • sel • poivre

Réalisation

Pelez les oignons et hachez-les. Portez une casserole d'eau à ébullition. Ébouillantez-y les tomates pendant quelques secondes. Égouttez-les, et laissez-les refroidir avant de les peler et de les épépiner. Coupez-les en quartiers.

Dans une grande cocotte, versez un large filet d'huile et faites revenir les oignons et les tomates pendant 3 minutes. Ajoutez les épices, la viande et les haricots. Salez, poivrez, puis versez de l'eau à hauteur des ingrédients. Couvrez, portez à ébullition, puis laissez mijoter le mélange à feu moyen pendant 50 minutes. Servez chaud.

TAJINE D'AGNEAU AUX TOPINAMBOURS

6 pers. Préparation : 20 min Cuisson : 1 h

1,5 kg de gigot d'agneau coupé en cubes • 1,5 kg de topinambours • 2 citrons • 2 oignons • 1 bouquet de coriandre • 1 filet d'huile d'olive • 1 pincée de safran • sel • poivre

Réalisation

Pressez le citron pour en recueillir le jus. Pelez les oignons et hachez-les. Passez le bouquet de coriandre sous le robinet d'eau froide. Essorez-le dans du papier absorbant, et ciselez-le. Épluchez les topinambours et coupez-les en quartiers. Déposez-les dans un saladier et arrosez-les de jus de citron, cela empêchera leur chair de noircir. Dans une grande cocotte, versez un large filet d'huile et faites revenir les oignons pendant 3 minutes. Ajoutez la viande et le safran. Salez, poivrez, puis versez de l'eau à hauteur des ingrédients. Couvrez, portez à ébullition, puis laissez mijoter le mélange à feu moyen pendant 30 minutes.

Retirez la viande à l'aide d'une écumoire et

déposez-la dans un plat creux. Dans le jus de cuisson de la viande, versez les topinambours. Rectifiez l'assaisonnement, ajoutez la coriandre ciselée, couvrez et faites cuire 20 minutes encore. Vérifiez la cuisson des topinambours (si nécessaire, prolongez-la) : ils doivent être fondants.
Présentez la viande et les légumes sur un plat de service et dégustez bien chaud.

TAJINE DE MOUTON AUX CAROTTES

6 pers. Préparation : 15 min Cuisson : 1 h 15

1 gros poulet découpé en morceaux • 1,5 kg de carottes • 250 g d'amandes effilées • 2 oignons • 50 g de sucre en poudre • 1 cuil. à café de gingembre moulu • 1 cuil. à café de muscade • 4 cuil. à soupe d'huile • 50 g de beurre • sel • poivre

Réalisation

Pelez les oignons et émincez-les. Épluchez les carottes et coupez-les en rondelles. Versez l'huile dans un plat à tajine ou une cocotte et faites-y revenir les morceaux de volaille. Ajoutez alors les carottes, les épices (muscade, gingembre), les oignons émincés et couvrez d'eau. Salez, poivrez et faites cuire à feu doux et à couvert, pendant 1 heure environ.

Vérifiez que la viande est cuite et retirez-la. Conservez-la au chaud.

Ajoutez alors le sucre et le beurre dans la cocotte, et faites mijoter jusqu'à obtenir une sauce à la consistance sirupeuse. Dans une poêle à revêtement antiadhésif, faites griller à sec (c'est-à-dire, sans matière grasse) les amandes effilées.

Remettez alors la viande dans le plat, prolongez la cuisson 15 minutes encore. Faites griller à sec les amandes émincées. Disposez les morceaux de viande et les carottes dans un plat de service. Saupoudrez d'amandes avant de déguster.

TAJINE DE POISSON

6 pers. Préparation : 20 min Cuisson : 50 min

1,5 kg de filets de poissons variés • 3 tomates • 1 poivron • 8 olives dénoyautées • 1 citron confit • 2 gousses d'ail • 1/2 bouquet de coriandre • 1/2 bouquet de persil • 1 cuil. à soupe de piment doux • 1 cuil. à café de cumin • 1 pointe de piment fort • 2 cm de gingembre râpé • 1 pincée de safran • huile d'olive • sel

Réalisation

Passez le bouquet de persil sous le robinet d'eau froide. Essorez-le dans du papier absorbant, et ciselez-le. Faites la même chose avec la coriandre. Portez une casserole d'eau à ébullition. Ébouillantez-y les tomates pendant quelques secondes. Égouttez-les, et laissez-les refroidir avant de les peler et de les épépiner. Coupez-les en quartiers. Lavez et essuyez les filets de poissons. Ouvrez les poivrons en deux et glissez les poivrons sous le gril du four (peau au-dessus). Quand la peau devient noire, retirez-les et enfermez-les dans un sac en plastique. Laissez-les refroidir, puis pelez-les et coupez-

les en lanières. Pelez l'ail. Mixez-le avec les herbes ciselées, le cumin, le gingembre, le safran et les piments doux et forts, 2 cuillères à soupe d'huile et 5 cl d'eau.
Versez ce mélange dans un faitout, avec les lanières de poivrons, les quartiers de tomates, les filets de poisson, du sel et laissez mijoter à feu doux pendant 30 minutes. Ajoutez de l'eau en cours de cuisson si nécessaire.
Dès que les poissons sont cuits. Égouttez-les à l'aide d'une écumoire et déposez-les dans un plat creux.
Portez la sauce à ébullition et laissez-la réduire jusqu'à ce qu'elle soit sirupeuse.
Versez la sauce sur les poissons avec des olives et des quartiers de citron confit.

TAJINE DE VEAU AUX POMMES DE TERRE

6 pers. Préparation : 15 min Cuisson : 1 h

1,5 kg de viande de veau découpée en morceaux • 1,5 kg de pommes de terre • 2 oignons pelés et émincés • 1 cuil. à café de gingembre moulu • 1 cuil. à café de muscade • 1 cuil. à café de piment doux • 1 cuil. à café de cumin • 1 bouquet de persil plat • 1 grosse poignée d'olives dénoyautées • huile d'olive • sel • poivre

Réalisation

Pelez les oignons et émincez-les. Épluchez les pommes de terre et coupez-les en rondelles. Passez le bouquet de persil sous le robinet d'eau froide. Essorez-le dans du papier absorbant, et ciselez-le. Versez un large filet d'huile dans un plat à tajine ou une cocotte et faites-y revenir les morceaux de viande. Ajoutez alors les épices (muscade, gingembre, piment doux, cumin), les oignons émincés et couvrez d'eau. Salez, poivrez et faites cuire à feu doux et à couvert, pendant 30 minutes environ. Ajoutez alors les pommes de terre et la coriandre dans la cocotte. Ajoutez de l'eau si nécessaire et faites mijoter jusqu'à ce que les pommes de terre soient cuites. Cinq minutes avant la fin de la cuisson, ajoutez les olives.

Dégustez bien chaud.

•

PASTILLA OU TARTE AU POULET

6 pers. Préparation : 20 min Cuisson : 40 min

Pour la farce : 4 escalopes de poulet • 1/2 bouquet de persil haché • 3 oignons pelés et émincés • 50 g de beurre • 1 pincée de cannelle • 1 dosette de safran • 6 œufs durs • 200 g d'amandes mondées et concassées • 2 cuil. à soupe de sucre • sel • poivre
Pour la pastilla : 8 feuilles à pastilla (ou feuilles de brick) • 75 g de beurre • 1 œuf battu • cannelle • sucre glace

Réalisation

Préparez la farce : découpez les escalopes de poulet en lanières. Passez le 1/2 bouquet de persil sous le robinet d'eau froide. Essorez-le dans du papier absorbant, et ciselez-le. Dans un faitout, faites fondre le beurre. Ajoutez la volaille, le persil, les oignons, le safran, la cannelle, une cuillère à soupe de sucre, du sel et du poivre. Mouillez légèrement avec un peu d'eau et faites cuire à feu doux. Dans un saladier, mélangez les amandes et le reste du sucre. Concassez les œufs durs en morceaux. Mélangez tous les ingrédients de la farce.

Montez la pastilla : beurrez un moule à tarte aux rebords assez hauts (ou un moule à gâteau). Disposez 3 feuilles de pâte, en les faisant se chevaucher et déborder d'un tiers environ à l'extérieur du moule. Déposez une quatrième feuille au centre.

Préchauffez le four à 180 °C (th. 6).

Étalez alors la moitié de la farce. Recouvrez de deux feuilles de pâte superposées sans les faire déborder. Étalez le reste de farce. Recouvrez de 2 feuilles de pâte bien superposées, sans les faire déborder. Badigeonnez-les à l'œuf battu. Repliez alors les feuilles qui dépassent vers le centre du moule. Badigeonnez à nouveau, répartissez le reste du beurre en morceaux, puis enfournez 25 minutes environ. Faites glisser la pastilla sur un plat de service. Saupoudrez de sucre glace et de cannelle avant de déguster.

Bon à savoir : Fleuron de la cuisine marocaine, la pastilla est un plat de fête traditionnellement servi en début de repas.

POULET AUX POIS CHICHES

6 pers. Préparation : 10 min Cuisson : 1 h 10

6 escalopes de poulet • 100 g de pois chiches cuits (en boîte) • 100 g d'amandes mondées • 50 g de beurre • 1/2 botte de persil plat • 2 oignons pelés et hachés • 1 pincée de safran • 1 cuil. à soupe de cannelle • 1 l de bouillon de volaille (à base de préparation déshydratée) • 1 citron coupé en quatre • le jus d'un citron • sel • poivre

Réalisation

Découpez les escalopes de poulet en morceaux. Passez la 1/2 botte de persil sous le robinet d'eau froide. Essorez-la dans du papier absorbant, et ciselez-la. Dans un faitout, faites fondre le beurre et faites-y revenir les oignons. À coloration, ajoutez le poulet et le safran. Faites revenir la viande quelques minutes, puis versez le bouillon et portez à ébullition.

Ajoutez alors les pois chiches et la cannelle. Salez et poivrez, baissez le feu et faites mijoter à couvert 1 heure environ.
Quinze minutes avant la fin de la cuisson, retirez le couvercle, ajoutez le persil ciselé et le citron coupé en 4, et faites bouillir sur feu vif. Le liquide doit réduire d'un tiers environ. Ajoutez alors les amandes et le jus de citron et rectifiez l'assaisonnement.

Notre conseil : dégustez avec de la semoule.

POULET MQUALLI AUX CITRONS CONFITS

6 pers. Préparation : 15 min Cuisson : 1 h 45

1 gros poulet coupé en morceaux • 2 citrons confits • 2 oignons • 1 dosette de safran • 2 cuil. à café de cumin • 2 cm de gingembre râpé • 1/2 botte de persil plat • 2 douzaines d'olives vertes marinées • 50 g de beurre • huile d'olive • sel • poivre

Réalisation

Pelez les oignons et émincez-les. Passez le persil sous le robinet d'eau froide. Essorez-le dans du papier absorbant, et ciselez-le. Dans une cocotte, faites fondre le beurre avec un large filet d'huile. Faites-y revenir les oignons et les morceaux de poulet jusqu'à ce qu'ils soient dorés. Salez, poivrez, ajoutez les épices, le persil et les citrons confits. Mouillez d'eau et portez à ébullition. Couvrez et comptez alors 1 h 30 de cuisson à petits frémissements. Retirez ensuite les morceaux de poulet et les citrons. Portez la sauce à ébullition et laissez-la réduire quelques minutes. Servez le poulet avec des olives marinées.

POULET M'CHERMEL

6 pers. Préparation : 20 min Cuisson : 50 min

1 gros poulet coupé en morceaux • 1 citron confit • le jus d'1/2 citron • 1/2 bouquet de persil plat • 1/2 bouquet de coriandre • 5 oignons • 2 gousses d'ail • 1 dosette de safran • 1 cuil. à café de piment doux • 1 cuil. à café de cumin • huile d'olive • sel • poivre

Réalisation

Pelez les gousses d'ail et les oignons et hachez-les. Faites chauffer un large filet d'huile dans une cocotte. Faites-y dorer le poulet, l'ail et les oignons. Salez, poivrez, ajoutez le safran, le piment doux et le cumin. Couvrez d'eau à hauteur et faites cuire à feu moyen pendant 30 minutes en retournant les morceaux de poulet régulièrement.

Pendant ce temps, prélevez l'écorce du citron confit et émincez-la. Passez le 1/2 bouquet de persil sous le robinet d'eau froide. Essorez-le dans du papier absorbant, et ciselez-le. Faites de même avec la coriandre fraîche. Ajoutez les herbes et l'écorce dans la cocotte. Prolongez la cuisson 15 minutes encore. Ajoutez alors le jus de citron. Laissez mijoter 2 minutes encore et servez chaud.

POULET AUX PRUNEAUX ET AU MIEL

6 pers. Préparation : 20 min Cuisson : 55 min

1 gros poulet coupé en morceaux • 1/2 verre de miel • 3 oignons • 300 g de pruneaux dénoyautés • 150 g d'amandes entières • 1 cuil. à soupe de graines de sésame • 1 dosette de safran • 2 cuil. à café de cannelle moulue • 100 g de beurre • sel • poivre

Réalisation

Pelez les oignons et hachez-les.

Rassemblez dans un grand faitout le beurre, le safran, la moitié de la cannelle, les oignons hachés et les morceaux de poulet. Salez et poivrez. Mouillez d'eau à hauteur des ingrédients. Couvrez la cocotte et faites cuire à feu doux pendant 25 minutes environ. Ajoutez de l'eau en cours de cuisson, si nécessaire.

À l'aide d'une écumoire, retirez les morceaux

de poulet et déposez-les dans un plat de service.
Versez dans la cocotte les pruneaux dénoyautés et faites cuire 20 minutes environ. Ajoutez le miel et le reste de la cannelle et faites cuire jusqu'à obtenir une sauce sirupeuse.
Faites griller à sec dans une poêle à revêtement antiadhésif les amandes et les graines de sésame.
Juste avant de servir, remettez les morceaux de poulet dans la cocotte. Faites réchauffer l'ensemble 5 minutes, puis saupoudrez d'amandes et de graines de sésame grillées.

Bon à savoir : afin de réveiller le goût des graines de sésame, que certains considèrent comme peu prononcé, vous pouvez les faire griller. Elles développeront alors un parfum et un goût de noisette.

BROCHETTES DE DINDE

6 pers. Préparation : 20 min Cuisson : 10 min
Marinade : 1 heure

6 escalopes de dinde • 1 poivron rouge • 1 poivron vert • 1 botte d'oignons nouveaux • 2 gousses d'ail • 1 cuil. à café de curcuma • 1 dosette de safran • 1 cuil. à café de piment doux • 1 bouquet de coriandre • 1 verre d'huile d'olive • sel

Réalisation

Découpez les escalopes de dinde en cubes. Ouvrez les poivrons, égrainez-les et découpez-les en lanières. Pelez les oignons nouveaux et coupez-les en 2 ou en 4.
Sur des piques en bois, faites glisser des morceaux de dinde, de poivrons et d'oignons en les alternant pour composer de jolies brochettes. Passez le bouquet de coriandre sous le robinet d'eau froide. Essorez-le dans du papier absorbant, et ciselez-le.Pressez l'ail au-dessus d'un bol. Ajoutez le safran, le piment doux, le curcuma, la coriandre ciselée et le verre d'huile d'olive. Salez et mélangez.
Rassemblez les brochettes dans un plat creux.

Versez la marinade par-dessus. Couvrez de film alimentaire et laissez mariner 1 heure environ. Pendant ce temps, préparez votre barbecue comme vous en avez l'habitude. Faites griller vos brochettes sur les braises chaudes et dégustez-les avec une salade verte, par exemple. Vous pouvez également les faire cuire dans une poêle ou sous le gril du four.

PETITES CAILLES AUX CITRONS CONFITS

6 pers. Préparation : 15 min Cuisson : 1 h 45

6 cailles prêtes à cuire • 2 citrons confits • 2 oignons • 1 dosette de safran • 2 cuil. à café de cumin • 2 cm de gingembre râpé • 1/2 bouquet de persil plat • 2 douzaines d'olives vertes marinées • 50 g de beurre • huile d'olive • sel • poivre

Réalisation

Pelez les oignons et émincez-les. Passez le 1/2 bouquet de persil sous le robinet d'eau froide. Essorez-le dans du papier absorbant, et ciselez-le. Dans une cocotte, faites fondre le beurre avec un large filet d'huile. Faites-y revenir les oignons et les cailles jusqu'à ce qu'ils soient dorés. Salez, poivrez, ajoutez les épices, le persil plat ciselé et les citrons confits. Mouillez d'eau à hauteur et portez à ébullition. Couvrez et comptez alors 1 h 30 de cuisson à petits frémissements. À l'aide d'une écumoire, retirez les morceaux de poulet et les citrons. Portez la sauce à ébullition et laissez-la réduire quelques minutes. Servez les cailles avec les citrons coupés en quartiers et des olives marinées.

PIGEONNEAUX AUX AMANDES

6 pers. Préparation : 20 min Cuisson : 45 min

3 pigeonneaux coupés prêts à cuire • 6 oignons • 1 cuil. à café de cumin • 200 g d'amandes entières • 100 g de beurre • 1 bouquet de coriandre • sel

Réalisation

Pelez les oignons et émincez-les. Passez le bouquet de coriandre sous le robinet d'eau

froide. Essorez-le dans du papier absorbant, et ciselez-le.
Rassemblez dans la cocotte les pigeonneaux, les amandes, les oignons émincés, le beurre et le cumin. Mouillez d'eau à hauteur et faites cuire à feu moyen et à couvert pendant 45 minutes. Ajoutez de l'eau en cours de cuisson, si nécessaire. Vérifiez la cuisson des pigeonneaux et prolongez-la s'il le faut.
Disposez les morceaux de volaille dans un plat de service et saupoudrez de coriandre ciselée.

KEFTA DE BŒUF

6 pers. Préparation : 10 min + 45 min pour le barbecue
Cuisson : 10 min

600 g de viande de bœuf hachée • 150 g de graisse de bœuf (à acheter chez le boucher) • 1 botte d'oignons frais • 2 bouquets de persil plat • 1 cuil. à soupe de cumin • 1 cuil. à soupe de piment doux • 1 pointe de couteau d'harissa • sel

Réalisation

Passez les bouquets de persil sous le robinet d'eau froide. Essorez-les dans du papier absorbant, et ciselez-les. Rassemblez dans le bol du robot la viande de bœuf, la graisse, les oignons frais pelés, le persil ciselé, le cumin, le piment doux, l'harissa et le sel. Hachez longuement le mélange.

Préparez alors le barbecue, comme vous en avez l'habitude.

Prélevez des boulettes de viande de la grosseur d'un petit œuf de poule et enrobez-en une pique en bois.

Faites cuire vos brochettes sur la braise chaude pendant quelques minutes. Vous pouvez également les faire cuire dans une poêle ou sous le gril du four.

KEFTA DE MOUTON

6 pers. Prép. : 10 min + 45 min pour le barbecue
Cuisson : 10 min

600 g de viande de mouton désossée • 150 g de graisse de mouton (à acheter chez le boucher) • 1 botte d'oignons frais • 2 bouquets de coriandre • 1 cuil. à soupe de curcuma • 1 cuil. à soupe de paprika • sel

Réalisation

Passez les bouquets de coriandre sous le robinet d'eau froide. Essorez-les dans du papier absorbant, et ciselez-les. Rassemblez dans le bol du robot la viande, la graisse, les oignons frais pelés, la coriandre, le curcuma, le paprika et le sel. Hachez longuement le mélange.

Préparez alors le barbecue, comme vous en avez l'habitude. Prélevez des boulettes de viande de la grosseur d'un petit œuf de poule et enrobez-en une pique en bois. Faites cuire vos brochettes sur la braise chaude pendant quelques minutes. Vous pouvez également les faire cuire dans une poêle ou sous le gril du four.

KEFTA D'AGNEAU À LA MENTHE

6 pers. Prép. : 10 min + 45 min pour le barbecue
Cuisson : 10 min

600 g de viande d'agneau désossée • 4 cuil. à soupe d'huile • 2 oignons pelés • 1 bouquet de menthe • 1 cuil. à café de cumin • sel

Réalisation

Passez le bouquet de menthe sous le robinet d'eau froide. Essorez-le dans du papier absorbant, et ciselez-le. Rassemblez dans le bol du robot la viande, l'huile, les oignons, la menthe, le cumin et le sel. Hachez longuement le mélange.

Préparez alors le barbecue, comme vous en avez l'habitude.

Prélevez des boulettes de viande de la grosseur d'un petit œuf de poule et enrobez-en une pique en bois.

Faites cuire vos brochettes sur la braise chaude pendant quelques minutes. Vous pouvez également les faire cuire dans une poêle ou sous le gril du four.

KEFTA AU RIZ

6 pers. Préparation : 30 min Cuisson : 35 min

500 g de viande désossée (bœuf, agneau, volaille, etc.) • 100 g de riz blanc • 1/2 bouquet de coriandre • 1/2 bouquet de persil plat • 1 oignon • 2 gousses d'ail • 1 cuil. à café de cumin • 1 cuil. à café de piment doux • 1 cm de gingembre • 1 pointe de piment fort • 2 cuil. à soupe de vinaigre • huile d'olive • sel

Réalisation

Sous le robinet d'eau froide, lavez la coriandre et le persil. À l'aide d'une paire de ciseaux, coupez la base des tiges. Ne conservez que le haut avec les feuilles. Pelez l'oignon et coupez-le en quartiers. Pelez le morceau de gingembre et râpez-le. Pelez l'ail et hachez-le.

Coupez la viande en cubes. Déposez-la dans le bol du robot ménager. Ajoutez le persil, la coriandre, les quartiers d'oignons, le cumin, le piment doux et un peu de sel. Mixez longuement.

Versez le hachis dans un saladier, ajoutez le riz et mélangez bien. Formez de petites boulettes de vos doigts mouillés.

Dans un grand faitout, portez 1 l d'eau salée à ébullition. Ajoutez le piment fort, l'ail haché et le gingembre râpé. Dès que l'eau bout, jetez-y les boulettes et faites-les cuire à petits frémissements pendant 20 minutes environ.
Versez alors le vinaigre et un filet d'huile dans la casserole et prolongez la cuisson 10 à 15 minutes, le temps que la sauce réduise, pour devenir onctueuse.
Présentez les boulettes dans un plat creux, nappées de leur sauce. Dégustez bien chaud.

KEFTA AUX ŒUFS

6 pers. Préparation : 30 min Cuisson : 30 min

700 g de viande désossée (bœuf, veau, agneau, volaille, etc.) • 4 tomates • 2 oignons • 1 cuil. à café de piment doux • 1 cuil. à café de cumin • 4 gousses d'ail • 1 cuil. à soupe de concentré de tomate • 1 bouquet de persil plat • 6 œufs • huile d'olive • sel • poivre

Réalisation

Sur une planche en bois et à l'aide d'un cou-

teau bien aiguisé, découpez la viande en cubes.
Passez le bouquet de persil sous le robinet d'eau froide. Nettoyez-le bien et essorez-le entre vos mains. Coupez aux ciseaux la base des tiges, pour ne garder que le haut avec les feuilles.
Pelez les oignons et coupez-les en quartiers. Portez une casserole d'eau à ébullition et ébouillantez-y les tomates pendant quelques secondes. Versez-les dans une passoire, rafraîchissez-les sous l'eau froide et pelez-les. Ouvrez-les en deux, épépinez-les et concassez-les. Pelez les gousses d'ail et hachez-les.
Dans une sauteuse, faites chauffer un large filet d'huile. Faites-y revenir les tomates concassées. Ajoutez l'ail haché, le cumin, le piment doux et le concentré de tomate. Salez, poivrez, et faites mijoter la préparation à feu doux pendant 10 minutes.
Pendant ce temps, rassemblez dans le bol du robot les morceaux de viande, le persil et les quartiers d'oignons. Mixez longuement. Prélevez de petites quantités de hachis et entre vos

mains mouillées, formez des boulettes. Déposez-les dans la casserole, ajoutez un verre d'eau et laissez mijoter 10 minutes. Cassez alors les œufs par-dessus. Mélangez ou non, c'est comme vous voulez. Couvrez et prolongez la cuisson 1 minute encore. Servez chaud.

MECHOUI CUIT À LA BROCHE

1 vingtaine de pers. Prép. : 20 min Cuisson : 4 h

1 agneau • 10 gousses d'ail • 1 kg de beurre • 5 cuil. à soupe de cumin • sel • poivre

Réalisation

Pelez l'ail. Dans le bol du robot, rassemblez le beurre, l'ail, le cumin, le sel. Mixez jusqu'à obtenir un mélange onctueux, de la consistance d'une pommade. Embrochez l'agneau et badigeonnez-le de cette préparation. Faites-le cuire à la broche, pendant 4 h environ en le tournant régulièrement de façon à ce qu'il soit bien cuit uniformément.

ÉPAULE D'AGNEAU FAÇON MÉCHOUI, CUIT AU FOUR

6 pers. Préparation : 25 min Cuisson : 1 h

1 épaule d'agneau désossée de 1,5 kg • 4 gousses d'ail • 1 pincée de piment fort • 20 cl d'huile d'olive • 2 cuil. à soupe de cumin • 1 kg de petites pommes de terre • sel • poivre

Réalisation

Préchauffez le four à 270 °C (th. 9).

Pelez les gousses d'ail et hachez-les. Versez l'huile d'olive dans une coupelle. Ajoutez le piment fort, le cumin et l'ail haché. Mélangez bien. À l'aide d'un pinceau, ou de vos doigts propres, badigeonnez l'épaule d'agneau de cette préparation. Déposez la viande dans un plat allant au four. Épluchez les pommes de terre et déposez-les dans le plat autour du gigot. Enfournez pour 10 minutes environ. Baissez le feu à 200 °C (th. 6/7), et continuez la cuisson 35 minutes en arrosant régulièrement le gigot et les pommes de terre du jus de cuisson.

Sortez le gigot, badigeonnez-le à nouveau avec

l'huile parfumée. Remettez au four et prolongez la cuisson 15 minutes encore. En cours de cuisson, n'hésitez pas à couvrir la viande d'une feuille d'aluminium, si vous la voyez noircir (tout dépend de votre four et d'où vient la chaleur).
Découpez la viande et déposez les tranches dans un plat de service avec les pommes de terre en garniture.

COURGETTES FARCIES

6 pers. Préparation : 20 min Cuisson : 45 min

12 courgettes rondes • 700 g de viande de bœuf haché • 2 oignons • 3 gousses d'ail • 1 œuf • 1 cuil. à café de cumin • 1 bouquet de coriandre • 100 g de pain sec • 1 assiette de lait • 4 cuil. à soupe d'huile d'olive • sel • poivre

Réalisation

Préchauffez le four à 180 °C (th. 6).
Nettoyez les courgettes. Essuyez-les. Retirez un chapeau et évidez-les de leur pulpe, sans les percer. Découpez le pain et faites-le ramol-

lir dans le lait. Essorez-le. Passez le bouquet de coriandre sous le robinet d'eau froide. Essorez-le dans du papier absorbant, et ciselez-le. Pelez les oignons et les gousses d'ail et hachez-les. Rassemblez dans un saladier la viande hachée, les oignons, l'ail, le pain, la chair de courgette, l'œuf, le cumin, la coriandre, le sel et le poivre. Mélangez bien à la main. Remplissez de farce les courgettes, replacez les chapeaux et déposez-les dans un plat allant au four. Arrosez-les d'huile d'olive et enfournez pour 45 minutes environ.

BROCHETTES D'AGNEAU

6 pers. Préparation : 20 min Cuisson : 10 min
Marinade : 1 h

1 kg de gigot d'agneau désossé • 6 oignons • 6 tomates • 2 gousses d'ail • 1 bouquet de menthe fraîche • 1 cuil. à soupe de cumin • 1 cuil. à café de piment doux • 1 verre d'huile d'olive • sel • poivre

Réalisation

Découpez la viande en cubes. Pelez les oignons et coupez-les en quartiers. Coupez les tomates en quartiers également. Passez le bouquet de menthe sous le robinet d'eau froide. Essorez-le dans du papier absorbant, et ciselez-le. Sur des piques en bois, faites glisser des morceaux de viande, de tomates et d'oignons en les alternant pour composer de jolies brochettes.

Pressez l'ail au-dessus d'un bol. Ajoutez le cumin, le piment doux, la menthe ciselée et le verre d'huile d'olive. Salez, poivrez et mélangez. Rassemblez les brochettes dans un plat creux. Versez la marinade par dessus. Couvrez de film alimentaire et laissez mariner 1 heure environ. Pendant ce temps, préparez votre barbecue comme vous en avez l'habitude. Faites griller vos brochettes sur les braises chaudes et dégustez-les avec une salade verte. Vous pouvez également les faire cuire dans une poêle ou sous le gril du four.

•

BAR AUX CREVETTES ET À LA TOMATE

6 pers. Préparation : 20 min Cuisson : 50 min

1 gros bar vidé • 400 g de crevettes roses • 500 g de tomates pelées et concassées • 3 oignons • 2 poivrons rouges • 2 gousses d'ail • 1/2 bouquet de coriandre fraîche • 1/2 bouquet de persil • 1 cuil. à café de curcuma • 1 pointe de couteau d'harissa • huile d'olive • sel • poivre

Réalisation

Préchauffez le four à 200 °C (th. 6/7). Passez le 1/2 bouquet de coriandre sous le robinet d'eau froide. Essorez-le dans du papier absorbant, et ciselez-le. Faites la même chose avec le persil. Pelez l'ail et les oignons et hachez-les. Ouvrez les poivrons en deux. Épépinez-les et coupez-les en lanières.

Rassemblez les crevettes dans une casserole d'eau salée. Faites-les cuire 10 minutes. Égouttez-les et décortiquez-les.

Dans un grand faitout, faites chauffer un large filet d'huile et faites-y dorer l'ail et les oignons. Ajoutez les tomates concassées, les lanières de poivron. Salez et poivrez. Ajoutez le curcuma et l'harissa. Ajoutez la coriandre, le persil et les crevettes. Couvrez et faites mijoter 10 minutes. Garnissez l'intérieur du bar d'une partie de cette préparation et déposez-le dans un plat allant au four, préalablement huilé.Enfournez pour 30 minutes environ. Servez bien chaud avec le reste des crevettes.

Notre conseil : accompagnez de riz, de semoule ou de légumes.

FILETS DE POISSON AUX POIVRONS ROUGES

6 pers. Préparation : 15 min Cuisson : 35 min

2 kg de filets de poissons variés • 4 poivrons rouges • 3 gousses d'ail • 1 bouquet de persil plat • 1 cuil. à café de curcuma • 1 pointe de piment fort • huile d'olive • sel

Réalisation

Ouvrez les poivrons. Épépinez-les et coupez-les en lanières. Pelez les gousses d'ail et hachez-les. Passez le bouquet de persil sous le robinet d'eau froide. Essorez-le dans du papier absorbant, et ciselez-le. Dans un faitout, faites chauffer un large filet d'huile. Ajoutez l'ail, les lanières de poivron, le curcuma, le piment et versez un verre d'eau. Salez et faites mijoter à feu doux pendant 20 minutes. Ajoutez les morceaux de poisson et le persil ciselé. Prolongez la cuisson 15 minutes encore.

Dégustez bien chaud.

FILETS DE POISSON AUX POIS CHICHES

6 pers. Préparation : 15 min Cuisson : 25 min

1,5 kg de filets de poissons variés • 500 g de pois chiches en conserve • 4 gousses d'ail • 1 bouquet de coriandre fraîche • 1 poivron rouge • huile d'olive • sel • poivre

Réalisation

Pelez l'ail en gardant les gousses entières. Passez le bouquet de coriandre sous le robinet d'eau froide. Essorez-le dans du papier absorbant, et ciselez-le. Égouttez les pois chiches. Ouvrez le poivron en deux, épépinez-le et coupez-le en lanières. Dans un grand faitout, faites chauffer un large filet d'huile d'olive. Ajoutez l'ail et les lanières de poivron. Salez et poivrez, couvrez d'eau et portez à ébullition. Ajoutez les pois chiches. Comptez 10 minutes de cuisson avant d'ajouter les filets de poisson. Ajoutez la coriandre ciselée et laissez mijoter 15 minutes encore. Dégustez bien chaud.

DORADE AUX FÈVES

6 pers. Préparation : 25 min Cuisson : 10 min

1 grosse dorade prête à cuire (2 kg environ) • 1 kg de fèves fraîches (ou surgelées) • 1/2 bouquet de coriandre • 1/2 bouquet de persil • 1 cuil. à café de paprika • 1 cuil. à café de cumin • 3 gousses d'ail • huile d'olive • sel • poivre

Réalisation

Pelez l'ail et hachez-le. Si les fèves sont fraîches, pelez-les. Essuyez la dorade dans du papier absorbant. Passez la coriandre sous le robinet d'eau froide, essorez-la entre vos mains et ciselez-la. Faites la même chose avec le persil. Dans une grande sauteuse (suffisamment grande en tout cas, pour contenir la dorade), faites chauffer un large filet d'huile. Faites-y revenir les gousses d'ail. Ajoutez les fèves, le cumin et le paprika. Versez un grand verre d'eau. Salez, poivrez et déposez la dorade. Couvrez et faites mijoter 5 minutes. Ajoutez les herbes ciselées et prolongez la cuisson 5 minutes encore, mais à découvert, cette fois.Présentez la dorade entourée de ses fèves, sur un plat de service.

DORADE AUX OLIVES

6 pers. Préparation : 30 min Cuisson : 1 h Marinade : 1 h

1 dorade prête à cuire • 200 g d'olives vertes dénoyautées • 1 citron • 6 tomates • huile d'olive • sel • poivre
Pour la chermoula : 1 bouquet de coriandre • 3 gousses d'ail • 1 cuil. à café de cumin • 1 cuil. à café de paprika • 1 cuil. à café de piment fort • 1 citron • huile d'olive • sel

Réalisation

Une heure avant (au moins), préparez la chermoula. Passez le bouquet de coriandre sous le robinet d'eau froide pour le laver. Essorez-le et ciselez-le. Pressez le citron pour en recueillir le jus. Pelez les gousses d'ail et hachez-les. Rassemblez dans un plat creux 4 cuillerées à soupe d'huile d'olive, l'ail haché, le jus du citron, la coriandre, le cumin, le paprika et le piment. Ajoutez un verre d'eau, salez et mélangez bien. Avec du papier absorbant, essuyez la dorade et déposez-la dans le plat. Couvrez le plat de film alimentaire et laissez mariner une heure au moins.Préchauffez le four à 180 °C (th. 6).

Versez un large filet d'huile dans un plat allant au four. Égouttez la dorade et déposez-la dans le plat. Enfournez pour 40 minutes environ. Arrosez du jus de la marinade en cours de cuisson. Pendant ce temps, portez une casserole d'eau à ébullition et plongez-y les tomates quelques secondes. Égouttez-les, rafraîchissez-les sous l'eau froide et pelez-les. Ouvrez-les, épépinez-les et concassez-les. Pressez le deuxième citron.
Dans une casserole, versez un filet d'huile. Ajoutez les tomates concassées, le jus de citron. Salez et poivrez. Faites mijoter 15 minutes à feu doux, puis ajoutez les olives et prolongez la cuisson 5 minutes encore.
Apportez la dorade à table directement dans le plat de cuisson, servez la sauce aux olives à part.

Bon à savoir : la chermoula, dont il existe plusieurs types de recettes, n'est rien d'autre qu'une marinade destinée à parfumer le poisson, avant sa cuisson.

ROUGETS GRILLÉS À LA CORIANDRE

6 pers. Préparation : 5 min Cuisson : 15 min

3 douzaines de rougets prêts à cuire • 2 citrons • 1 bouquet de coriandre • huile d'olive • sel • poivre

Réalisation

Préparez le barbecue ou préchauffez le gril du four. Essuyez les rougets dans du papier absorbant. Huilez-les, salez et poivrez. Placez-les sur une grille et déposez-les au-dessus des braises chaudes ou sous le gril du four. Faites-les cuire quelques minutes de chaque côté.
Lavez la coriandre et ciselez-la. Pressez les citrons.
Déposez les rougets sur un plat de service, rectifiez l'assaisonnement. Versez le jus de citron et saupoudrez de coriandre. Dégustez bien chaud.

KEFTA AUX SARDINES

6 pers. **Préparation : 40 min Cuisson : 40 min**

Pour les boulettes : 500 g de sardines • 1 gousse d'ail hachée • 1 botte de persil ciselé • 1/2 botte de coriandre ciselée • 100 g de riz • 1 cuil. à soupe d'huile d'olive • sel • poivre • cumin • paprika
Pour la sauce : 1 gousse d'ail écrasée • 2 tomates • 1 citron • 3 cuil. à soupe d'huile d'olive • sel • poivre

Réalisation

Écaillez les sardines. Retirez la tête des sardines et videz-les. Cela se fait en général en un seul geste et c'est plus facile que ça en a l'air. Si vous n'osez pas : demandez à votre poissonnier de le faire pour vous. Lavez les poissons sous l'eau courante, puis à l'aide d'un couteau bien aiguisé, hachez la chair grossièrement.
Mélangez la chair des sardines avec l'ail haché, les épices (à doser selon votre goût), les herbes ciselées, l'huile et le riz cru. Pétrissez le mélange à la main, puis formez de vos doigts de petites boulettes de la taille d'une noix.
Préparez la sauce : faites chauffer l'huile dans

un faitout. Ajoutez l'ail écrasé, salez et poivrez. Ajoutez alors les tomates pelées et concassées, le citron coupé en fines rondelles et un verre d'eau. Portez à ébullition, baissez le feu, et déposez-y les boulettes de sardines. Couvrez et faites cuire pendant 30 minutes environ.

Notre conseil : dégustez bien chaud avec des courgettes cuites à la vapeur.

SARDINES FRITES AU CUMIN

6 pers. Préparation : 15 min Cuisson : 15 min

3 douzaines de sardines, prêtes à cuire • 4 gousses d'ail • 1 assiette de farine • 2 cuil. à soupe de cumin moulu • huile d'olive • huile de friture • sel

Réalisation

Pelez les gousses d'ail et hachez-les. Essuyez les poissons et badigeonnez-les d'huile d'olive, saupoudrez d'ail haché, de cumin moulu et salez. Passez-les dans la farine.

Dans une sauteuse, faites chauffer l'huile de friture et portez-la à ébullition. Faites-y frire les poissons de chaque côté (attention aux projections d'huile).

Notre conseil : servez avec du riz ou des légumes.

ROUGETS FRITS AUX POMMES DE TERRE

6 pers. Préparation : 20 min Cuisson : 30 min

3 douzaines de rougets prêts à cuire • 4 œufs • 1 kg de pommes de terre • 1 assiette de farine • huile de friture • sel • poivre

Réalisation

Pelez les pommes de terre et découpez-les en morceaux. Battez les œufs en omelette dans une assiette creuse. Essuyez les rougets dans du papier absorbant. Assaisonnez les poissons, passez-les dans les œufs battus, puis dans la farine.

Dans une sauteuse, faites chauffer l'huile de friture et portez-la à ébullition. Faites-y frire les poissons de chaque côté (attention aux projections d'huile). Retirez les poissons, maintenez-les au chaud et faites frire les pommes de terre dans la sauteuse jusqu'à ce qu'elles soient bien dorées. Rectifiez l'assaisonnement avant de servir. Dégustez les rougets avec les pommes de terre.

MAQUEREAUX GRILLÉS À L'ANIS

6 pers. Préparation : 5 min Cuisson : 15 min Marinade : 1 h

2 douzaines de maquereaux prêts à cuire • 2 citrons • 1 cuil. à soupe d'anis étoilé moulu • 1 pincée de clou de girofle moulu • 1 bouquet de persil plat • huile d'olive • sel • poivre

Réalisation

Préparez le barbecue ou préchauffez le gril du four.

Essuyez les maquereaux dans du papier absorbant. Déposez-les dans un plat creux. Salez, poivrez et saupoudrez d'anis et de clou de girofle. Arrosez d'huile et faites mariner 1 heure.

Égouttez-les. Placez-les sur une grille et déposez-les au-dessus des braises chaudes ou sous le gril du four. Faites-les cuire quelques minutes de chaque côté.

Lavez le persil et ciselez-le. Pressez les citrons. Déposez les maquereaux sur un plat de service, rectifiez l'assaisonnement. Versez le jus de citron et saupoudrez de coriandre. Dégustez bien chaud.

BROCHETTES DE LOTTE À LA CORIANDRE

6 pers. Prép. : 20 min Cuisson : 20 min Marinade : 1 h

2 kg de lotte, coupée en cubes • 1 barquette de tomates cerise • 2 gousses d'ail • 1 citron • 1 bouquet de coriandre fraîche • 1 cuil. à café de paprika • 1 pointe de couteau d'harissa • huile d'olive • sel

Réalisation

Pelez les gousses d'ail et hachez-les. Lavez le bouquet de coriandre sous le robinet d'eau froide. Essorez-le et ciselez-le. Lavez les tomates. Essuyez les morceaux de poisson dans du papier absorbant. Piquez les morceaux de lotte et les tomates sur des brochettes en bois. Déposez-les dans un plat creux. Ajoutez la coriandre ciselée, le paprika et l'harissa. Salez et versez un large filet d'huile. Couvrez le plat de film alimentaire et faites mariner, le temps de préparer le barbecue. Quand les braises sont chaudes, déposez les brochettes sur la grille du barbecue et faites-les cuire de chaque côté. Dégustez chaud.

PASTILLA DE FRUITS DE MER

6 pers. Préparation : 25 min Cuisson : 1 h 10

10 feuilles de brick • 1 kg de filets de poissons • 500 g de petites crevettes décortiquées • 200 g de calamars prêts à cuire • 50 g de Maïzena • 1/2 bouquet de persil • 4 gousses d'ail • 1 pointe de couteau d'harissa • 1 cuil. à soupe de paprika • 1 cuil. à soupe de cumin • huile d'arachide • sel • poivre

Réalisation

Pelez les gousses d'ail et hachez-les. Faites chauffer un filet d'huile dans une sauteuse. Essuyez les filets de poissons dans du papier absorbant. Salez-les et poivrez-les. Faites revenir les morceaux de poissons dans l'huile chaude en les effilochant, à l'aide d'une fourchette. Ajoutez les gousses d'ail hachées, les crevettes et les calamars. Lavez le bouquet de persil sous le robinet d'eau froide. Essorez-le et ciselez-le. Ajoutez-le dans la sauteuse avec les épices et l'harissa. Versez un grand verre d'eau. Ajoutez la Maïzena pour épaissir la sauce, et faites mijoter doucement pendant 30 minutes.

Préchauffez le four à 180 °C (th. 6). Chemisez la plaque du four de papier sulfurisé. Huilez-le pour plus de sûreté et disposez une feuille de brick bien au milieu. Déposez-en quatre autres en les faisant se chevaucher, un peu comme si vous ajoutiez des pétales à une fleur. Huilez les feuilles.

Versez la préparation aux fruits de mer au milieu, rabattez les feuilles par-dessus. Couvrez d'une sixième feuille de brick. Faites se chevaucher le reste des feuilles par-dessus et repliez-les sous la pastilla. Huilez encore et enfournez pour 30 minutes.

Présentez sur un plat de service et dégustez bien chaud.

LES DESSERTS

•

PASTILLA SUCRÉE

6 pers. Préparation : 10 min Cuisson : 30 min

10 feuilles de brick • 300 g d'amandes entières mondées • 200 g de sucre en poudre • quelques gouttes d'eau de fleur d'oranger • 50 cl de lait • 25 cl de crème liquide • huile d'arachide

Réalisation

Faites chauffer un large filet d'huile dans une poêle et faites-y revenir les amandes pendant 2 minutes. Quand elles sont bien dorées, retirez-les et déposez-les sur une triple épaisseur de papier absorbant. Laissez-les refroidir et s'égoutter tranquillement. Rassemblez-les alors dans le bol du robot avec la moitié du sucre, et mixez par à-coups : l'idée n'étant pas d'obtenir de la poudre, mais plutôt un mélange à la consistance sableuse.

Dans une très grande poêle, faites dorer dans un filet d'huile les feuilles de brick, une par

une. Déposez-les sur du papier absorbant, puis dans un grand plat creux, montez la pastilla : déposez une première feuille, saupoudrez-la de mélange aux amandes et ainsi de suite jusqu'à épuisement des ingrédients.
Dans une casserole, faites chauffer le lait, la crème, le reste de sucre et quelques gouttes d'eau de fleur d'oranger. Portez à ébullition. Mélangez bien, et versez sur la pastilla. Servez immédiatement.

GHORIBAS AUX AMANDES

6 pers. Prép. : 20 min Cuisson : 30 min
Repos de la pâte : 1 h

400 g de sucre en poudre • 6 œufs • 750 g de semoule fine • 500 g de poudre d'amandes • 1 trentaine d'amandes entières • 150 g de beurre fondu

Réalisation

Cassez les œufs dans une jatte, ajoutez le sucre et à l'aide d'un fouet, mélangez jusqu'à ce que la préparation blanchisse.

Incorporez alors la semoule, puis pétrissez à la main pendant une dizaine de minutes jusqu'à obtenir une consistance homogène.
Ajoutez la poudre d'amandes et pétrissez encore jusqu'à homogénéisation. Ajoutez alors le beurre fondu, continuez à pétrir. Puis faites reposer la pâte roulée en boule. Comptez 1 heure de repos.
Préchauffez le four à 150 °C (th. 5). Formez alors des boulettes de la taille d'une noix. Aplatissez-les légèrement et garnissez-les d'une amande. Disposez-les sur la plaque du four recouverte de papier sulfurisé, et enfournez pendant 30 minutes environ.

SEMOULE À L'EAU DE ROSE

6 pers. Préparation : 5 min Cuisson : 40 min

500 g de semoule fine • 1,5 l d'eau • 1,5 l de lait • 30 g de beurre • 100 g de sucre • 2 cuil. à soupe d'eau de rose

Réalisation

Portez à ébullition l'eau, le lait, le sucre et le

beurre. Versez la semoule en pluie en mélangeant bien. Comptez 20 minutes de cuisson à feu doux, ajoutez l'eau de rose et prolongez la cuisson 20 minutes encore, en mélangeant régulièrement. Dégustez tiède ou froid.

LÂÂSIDA/SEMOULE À L'EAU ET AU MIEL

6 pers. Préparation : 5 min Cuisson : 35 min

500 g de semoule • 3 l d'eau • 200 g de beurre • 1 pincée de sel • 6 cuil. à soupe de miel

Réalisation

Faites chauffer l'eau jusqu'à la limite de l'ébullition. Versez la semoule en pluie, remuez bien. Ajoutez le sel, 50 g de beurre et laissez mijoter 35 minutes environ, en mélangeant régulièrement. Versez la semoule dans un plat creux. Incorporez-lui le reste du beurre en morceaux et le miel. Servez tiède.

SALADE DE FRUITS À LA FLEUR D'ORANGER

6 pers. Préparation : 15 min

1,5 kg de fruits de saison (ceux disponibles au moment où vous décidez de réaliser la recette) • 75 g de sucre • le jus de 3 citrons • le jus de 2 oranges • quelques feuilles de menthe fraîche • 2 cuil. à soupe d'eau de fleur d'oranger • 1 cuil. à soupe de miel

Réalisation

Épluchez les fruits (si c'est nécessaire) et coupez-les en morceaux. Déposez-les dans un saladier. Versez alors le jus de citron, le jus d'orange, l'eau de fleur d'oranger, le sucre et ajoutez le miel. Mélangez bien. Décorez de feuilles de menthe avant de servir.

Bon à savoir : Il existe deux variétés de menthe : la menthe poivrée (plus parfumée) et la menthe verte, un peu plus douce. Délicieuse en infusion, cette plante parfume agréablement certains hors-d'œuvres et fait merveille dans les salades de fruits.

CRÊPES FRITES M'SAMEN

6 pers. Préparation : 30 min Cuisson : 3 min par crêpe
Temps de repos de la pâte : 30 min

500 g de farine • 1 sachet de levure • huile d'olive • 1 pincée de sel • sucre • miel

Réalisation

Préparez la pâte à crêpes : dans un saladier, rassemblez la farine tamisée, la levure et une pincée de sel. Mélangez, puis versez un petit verre d'eau tiède. Mélangez encore. Versez un deuxième verre d'eau tiède et pétrissez la pâte jusqu'à ce qu'elle prenne une consistance élastique.

Prélevez alors une douzaine de boules de pâte de la taille d'un gros œuf de poule. Versez un filet d'huile d'olive dans un ramequin. À l'aide d'un pinceau (ou de vos doigts), badigeonnez-en vos boulettes de pâte. Laissez-les reposer au chaud pendant 30 minutes.

Farinez votre plan de travail. Déposez une boule de pâte et aplatissez-la. À l'aide d'un rouleau à pâtisserie, étalez-la très finement en

forme de rectangle. Pliez en trois dans la longueur et en trois dans la largeur. Renouvelez l'opération avec le reste des boules de pâte. Aplatissez légèrement et du bout des doigts, chacun des carrés.
Dans une poêle, faites chauffer un large filet d'huile et faites-y dorer vos crêpes de chaque côté. Dégustez-les nature, saupoudrées de sucre, ou nappées de miel.

CHEBBAKIA/ROSE DES SABLES AU MIEL

10 pers. Préparation : 40 min Cuisson : 3 min par beignet Temps de repos de la pâte : 1 h

1 kg de farine (plus 1 poignée, pour le plan de travail) • 10 cl d'huile d'arachide • 30 g de beurre • 3 poignées de graines de sésame • 1 cuil. à soupe d'eau de fleur d'oranger • 2 œufs • 1 sachet de levure • 1 kg de miel • huile de friture

Réalisation

Dans une poêle à revêtement antiadhésif, faites

griller à sec (c'est-à-dire sans matière grasse) les 2/3 des graines de sésame. Versez-les dans le bol du mixeur et réduisez-les en poudre.
Délayez la levure dans un peu d'eau tiède. Battez les œufs en omelette à l'aide d'une fourchette. Faites fondre le beurre dans une petite casserole posée sur feu doux. Rassemblez dans un saladier la farine en fontaine, l'huile, le beurre fondu, les graines de sésame mixées, les œufs battus en omelette, l'eau de fleur d'oranger et la levure délayée.
Pétrissez la pâte vigoureusement, pendant plusieurs minutes, le temps d'obtenir une consistance homogène. Laissez-la reposer 20 minutes. Pétrissez-la une nouvelle fois. Formez des boules de la taille d'une balle de tennis, et déposez-les sur un plateau. Recouvrez-les d'un linge et laissez-les reposer 20 minutes au chaud.
Farinez votre plan de travail. Déposez-y une première boule et écrasez-la légèrement avec le plat de la main. À l'aide d'un rouleau à pâtisserie, étalez la pâte en forme de carré de 10 cm de côté. Égalisez les côtés en utilisant un cou-

teau pointu, puis découpez 6 bandes de même largeur. Tressez les bandes 3 par 3. Et roulez chaque tresse sur elle-même pour obtenir une forme légèrement sphérique. Procédez de la même manière avec le reste des boules de pâte.

Remettez les tresses sur le plateau, recouvrez du linge et patientez 20 minutes encore.

Versez le miel dans une casserole et faites-le chauffer doucement. Il va se liquéfier. Versez le reste des graines de sésame dans une assiette creuse.

Dans une friteuse ou un grand faitout, faites chauffer l'huile de friture. Jetez-y vos tresses. À l'aide d'une écumoire, retirez-les lorsqu'elles sont dorées. Plongez-les dans le miel, enrobez-les bien et saupoudrez-les dans les graines de sésame. Laissez-les refroidir avant de déguster.

CIGARES AUX AMANDES

6 pers. (5 cigares par personne) Prép. : 15 min
Cuisson : 20 min

15 feuilles de brick • 250 g d'amandes en poudre • 150 g de sucre en poudre • 2 cuil. à soupe d'eau de fleur d'oranger • 30 g de beurre • huile pour friture • 100 g de miel liquide • 1 blanc d'œuf

Réalisation

Dans le bol du robot, rassemblez la poudre d'amandes, le sucre, l'eau de fleur d'oranger et le beurre. Mixez longuement. Découpez des bandes d'environ 5 cm de large dans vos feuilles de brick (comptez 2 bandes par feuilles). Prélevez un peu de farce. Roulez-la en forme de cylindre. Déposez ce cylindre au bout des bandes de pâte et roulez-les en forme de cigare. Collez la feuille de brick au blanc d'œuf.

Faites chauffer le miel dans une casserole.

Faites chauffer un large filet d'huile dans une sauteuse et faites-y dorer vos cigares. Plongez-les dans le miel chaud et dégustez tièdes.

BRIOUATS AU MIEL ET AUX AMANDES

6 pers. Préparation : 15 min Cuisson : 30 min

15 feuilles de brick • 250 g de pâte d'amandes • 250 g d'amandes entières • 1 filet d'huile d'olive • 4 cuil. à soupe de miel • 2 cuil. à soupe de fleur d'oranger • 1 cuil. à café de cannelle • huile pour friture • sucre glace

Réalisation

Mixez grossièrement les amandes entières : procédez par à coups et surveillez bien l'opération. Les amandes doivent juste être concassées. Faites chauffer un filet d'huile d'olive dans une poêle et faites-y revenir les amandes. Égouttez-les et versez-les dans un saladier. Ajoutez le miel, la cannelle et la pâte d'amandes. Mélangez.

Découpez en deux les feuilles de brick et déposez un peu de farce sur chaque moitié. Repliez les briouats en forme de triangle.

Faites chauffer l'huile de friture dans une sauteuse et faites-y dorer les briouats. Égouttez-les et dégustez-les, saupoudrés de sucre glace.

CORNES DE GAZELLE

6 pers. Préparation : 40 min Cuisson : 20 min

Garniture : 250 g d'amandes entières pelées • 100 g de sucre en poudre • 1 cuil. à café d'eau de fleur d'oranger • 1 pincée de cannelle • 50 g de beurre
Pâte : 250 g de farine • 2 cuil. à soupe d'eau de fleur d'oranger • 15 g de beurre fondu • 1 pincée de sel

Réalisation

Préparez la garniture : rassemblez dans le bol du robot les amandes entières, le sucre en poudre, la cuillerée à café d'eau de fleur d'oranger, la cannelle et le beurre. Mixez longuement. Ajoutez 1 ou 2 cuillerées à soupe d'eau pour lier la préparation si nécessaire : cette dernière devant être compacte.
Dans une terrine, rassemblez la farine, le beurre fondu et l'eau de fleur d'oranger. Ajoutez une pincée de sel et pétrissez bien.
Sur un plan de travail froid et fariné, étalez la pâte en forme de rectangle sur une épaisseur d'1 mm. Préchauffez le four à 180 °C (th. 6).
Prélevez des boulettes de garniture et donnez-

leur une forme de quenelle. Déposez-les en les espaçant de quelques centimètres, sur une moitié de pâte. Recouvrez de l'autre moitié. Soudez bien les deux parties de la pâte autour des quenelles de farce et découpez autour, comme si vous prépariez des raviolis. Donnez une forme de croissant à vos quenelles et déposez-les sur la plaque du four, recouverte de papier sulfurisé.
Enfournez pour une vingtaine de minutes. Dégustez tiède ou froid.

BEIGNETS

6 pers. Préparation : 20 min Cuisson : 15 min
Repos de la pâte : 40 min

500 g de farine • 100 g de sucre • 1/2 litre de lait • 1 sachet de levure chimique • 1 sachet de sucre vanillé • 3 œufs • 1 pincée de sel • huile d'olive pour former les beignets • huile de friture

Réalisation

Battez les œufs en omelette. Versez le lait dans une casserole et faites-le tiédir. Versez-en un peu dans un bol et délayez-y la levure.

Rassemblez dans une terrine la farine, le sucre, le sucre vanillé, les œufs battus, le lait tiède, le sel et la levure délayée. Mélangez bien et laissez reposer la pâte 40 minutes.

Faites chauffer l'huile de friture dans une sauteuse. Huilez vos doigts pour prélever des boules de pâte de la grosseur d'un citron. Trouez-les au milieu et aplatissez-les légèrement. Faites-les dorer dans l'huile chaude. Égouttez-les sur du papier absorbant. Dégustez-les saupoudrés de sucre glace ou nappés de miel.

DATTES FOURRÉES

6 pers. Préparation : 20 min Cuisson : 3 min

1 kg de dattes • 300 g d'amandes en poudre • 150 g de sucre • 1 cuil. à café d'eau de fleur d'oranger

Réalisation

Versez le sucre dans une casserole avec un peu d'eau. Portez à ébullition. Dès qu'il commence à colorer, versez la poudre d'amandes et mélangez bien. Faites cuire 2 minutes à feu doux, puis retirez du feu.

Entaillez les dattes sur le côté. Retirez les noyaux et remplacez-les par un peu de pâte d'amandes, avant de déguster.

Notre conseil : pour gagner du temps, vous pouvez acheter de la pâte d'amandes toute prête.

SELLOU

6 pers. Préparation : 30 min Cuisson : 5 min

1,5 kg de farine • 100 g de sucre semoule • 1 cuil. à soupe de cannelle • 150 g de miel • 50 cl d'huile d'olive • 500 g de beurre fondu • 500 g d'amandes entières mondées • 500 g de graines de sésame • 2 grains de gomme arabique (à acheter en pharmacie) • 150 g de sucre glace • 1 poignée de graines d'anis moulues • 1 poignée de graines de fenouil moulues

Réalisation

Dans une poêle à revêtement antiadhésif, faites griller à sec (c'est-à-dire sans matière grasse) les amandes et les graines de sésame. Conservez quelques amandes grillées pour la décoration. Mixez le reste grossièrement.

Dans la même poêle et toujours sans matière grasse, faites roussir la farine en mélangeant bien pour éviter à la farine de brûler.

Dans un saladier, mélangez la farine, les amandes, les graines de sésame, la gomme arabique, les graines d'anis, la cannelle et les graines de fenouil. Ajoutez le beurre fondu, l'huile, le miel et le sucre en poudre. Mélangez encore jusqu'à obtenir une consistance homogène. Dressez cette pâte en forme de pyramide dans un plat creux. Saupoudrez de sucre glace et décorez d'amandes grillées.

GÂTEAU AUX DATTES ET AUX NOISETTES

6 pers. Préparation : 25 min Cuisson : 1 h

160 g de dattes • 50 g d'amandes entières mondées • 100 g de farine • 100 g de semoule fine • 120 g de beurre • 80 g de sucre semoule • 1 cuil. à café de cannelle • 1 cuil. à soupe de miel • 2 cuil. à soupe de jus de citron

Réalisation

Entaillez les dattes sur le côté. Retirez le noyau. Rassemblez les dattes dans le bol du robot et hachez-les. Concassez les amandes.
Versez le hachis de dattes dans une casserole avec 4 cuillerées à soupe d'eau. Portez à ébullition, puis prolongez la cuisson 5 minutes, sur feu doux. Ajoutez alors le miel, le jus de citron, la cannelle et les amandes concassées. Mélan-

gez, faites cuire 2 minutes et retirez du feu. Préchauffez le four à 210 °C (th. 7).
Dans une terrine, rassemblez la farine, la semoule, le sucre et le beurre. Mélangez bien. Chemisez un moule à manqué de papier sulfurisé. Versez la moitié de la pâte dans le fond. Ajoutez la garniture. Étalez bien et versez le reste de pâte. Enfournez pour 25 minutes. Abaissez la température à 150 °C (th. 5), et prolongez la cuisson 20 minutes encore.
Démoulez et laissez refroidir avant de déguster.

LES BOISSONS

•

THÉ À LA MENTHE

6 pers. Préparation : 10 min Cuisson : 10 min

3 cuil. à soupe de thé vert • 1 bouquet de menthe fraîche ciselée • 6 morceaux de sucre

Réalisation

Ébouillantez la théière avant d'y déposer le thé, les feuilles de menthe et le sucre. Couvrez d'eau bouillante et laissez infuser 5 minutes environ. Remuez et dégustez dans de petits verres.

LAIT D'AMANDE

6 pers. Préparation : 5 min

300 g d'amandes entières • 100 g de sucre • 50 cl d'eau • 75 cl de lait • 3 cuil. à soupe d'eau de fleur d'oranger

Réalisation

Dans le bol du robot, rassemblez les amandes,

l'eau, le lait, l'eau de fleur d'oranger et le sucre. Mixez longuement. Passez la préparation au chinois (un tamis fin). Goûtez et, si nécessaire, ajoutez du sucre. Dégustez frais avec des glaçons.

CITRONNADE

6 pers. Préparation : 5 min

6 citrons • sucre • 1 litre d'eau

Réalisation

Pressez les citrons. Versez le jus dans une carafe. Ajoutez l'eau. Sucrez selon votre goût et dégustez sur des glaçons.

ORANGEADE

6 pers. Préparation : 5 min

18 oranges à jus • 50 cl d'eau • sucre

Réalisation

Pressez les oranges et versez le jus obtenu dans

une carafe. Ajoutez l'eau. Sucrez selon votre goût et servez dans des verres avec des glaçons.

CAFÉ AUX ÉPICES

6 pers. Préparation : 3 min Cuisson : 5 min

6 cuil. à soupe de café moulu • 1 cuil. à café d'eau de fleur d'oranger • 1 pincée de cannelle • 1 pincée de noix de muscade râpée • 1 pincée de gingembre en poudre • sucre

Réalisation

Rassemblez le café, la cannelle, l'eau de fleur d'oranger, la muscade râpée et le gingembre dans une petite casserole. Versez 75 cl d'eau et portez à ébullition. Baissez le feu et faites frémir pendant 3 minutes. Retirez du feu. Servez dans des tasses à café, en filtrant la boisson à travers une petite passoire. Sucrez selon votre goût.

JUS DE GRENADE

6 pers. Préparation : 10 min

6 grenades • 1 citron • 2 cuil. à soupe d'eau de fleur d'oranger • sucre

Réalisation

Ouvrez les grenades et retirez les grains. Passez-les au mixeur et versez le jus dans une carafe, à travers un chinois ou un fin tamis. Pressez le citron et ajoutez son jus dans la carafe avec l'eau de fleur d'oranger. Sucrez selon votre goût et servez frais.

INDEX DES RECETTES

LES SOUPES

LES SALADES

BRICKS, BRIOUATS ET CHAKCHOUKAS

COUSCOUS

TAJINES

VIANDES ET VOLAILLES

POISSONS ET FRUITS DE MER

DESSERTS

BOISSONS

VOUS AVEZ AIMÉ CE LIVRE ?

Vous trouverez également dans la même collection :

LES TITRES CUISINE

- Recettes express • Tartes salées sucrées • Pâtes
- Recettes éco • Tartines et sandwichs
- Crêpes salées et sucrées • Crumbles • Soupes
- Recettes pour débutants • Recettes aux œufs • Barbecue
- Tartares et carpaccios • Wok • Quiches, tartes et tatins
- Gratins • Fêtes et fiestas • Tout chocolat • Cakes salés et sucrés
- Recettes pour deux • Desserts simplissimes
- Recettes végétariennes • Recettes provençales
- Recettes du Pays basque • Recettes d'Italie • Recettes du Maroc

LES TITRES CUISINE/SANTÉ

- Recettes minceur tome 4 • Salades minceur
- Recettes pour bébé • Recettes pour diabétiques
- Recette Oméga 3 • Recettes vapeur et minceur
- Menus minceur • Minceur 2005
- Recettes minceur épices et aromates
- Menus minceur tome 2 • Recettes anti-âge
- Recettes anti-cholestérol

Pour être informé en permanence sur notre catalogue et les dernières nouveautés publiées dans cette collection, consultez notre site Internet www.efirst.com.

23 rue OUESSANT
d' EIESSANT
? 15°
— 18 | 10 | 1966 | MAROC